교부신학 프로젝트 03

멘토링과 교회 성장

다함
도서출판 은

1. 다윗과 아브라함의 자손

아브라함과 다윗의 자손으로, 하나님 구원의 언약 안에 있는 택함 받은 하나님 나라 백성을 뜻합니다.

2. 마음과 뜻과 힘을 다하여 하나님을 사랑하라

구약의 언약 백성 이스라엘에게 주신 명령(신 6:5)을 인용하여 예수님이 가르쳐 주신 새 계명
(마 22:37, 막 12:30, 눅 10:27)대로 마음과 뜻과 힘을 다해 하나님을 사랑하겠노라는 결단과 고백입니다.

사명선언문

1. 성경을 영원불변하고 정확무오한 하나님의 말씀으로 믿으며, 모든 것의 기준이 되는 유일한 진리로 인정하겠습니다.
2. 수천 년 주님의 교회의 역사 가운데 찬란하게 드러난 하나님의 한결같은 다스림과 빛나는 영광을 드러내겠습니다.
3. 교회에 유익이 되고 성도에 덕을 끼치기 위해, 거룩한 진리를 사랑과 겸손에 담아 말하겠습니다.
4. 하나님 앞에서 부끄럽지 않도록 항상 정직하고 성실하겠습니다.

교부신학 프로젝트 03

멘토링과 교회 성장

- 교부 시대의 원리, 현대의 적용 -

초판 1쇄 인쇄 2023년 07월 25일
초판 1쇄 발행 2023년 08월 01일

지은이 | 배정훈, 우병훈, 조윤호, 김석홍, 이정규 공저
　　　　　 (동서방 기독교 문화연구회)

펴낸이 | 이웅석
펴낸곳 | 도서출판 다함
등 록 | 제2018-000005호
주 소 | 경기도 군포시 산본로 323번길 20-33, 701-3호(산본동, 대원프라자빌딩)
전 화 | 031-391-2137
팩 스 | 050-7593-3175
블로그 | https://blog.naver.com/dahambooks
이메일 | dahambooks@gmail.com

ISBN 979-11-90584-83-8 (94230) | 979-11-90584-42-5 (세트)

교부신학 프로젝트 03

멘토링과 교회 성장

- 교부 시대의 원리, 현대의 적용 -

배정훈, 우병훈, 조윤호, 김석홍, 이정규 공저

(동서방 기독교 문화연구회)

EARLY CHURCH

Patristic Theology Project

목 차

EARLY CHURCH

서문

이번 교부신학 프로젝트 3권의 주제는 멘토링과 교회 성장입니다. 지금까지 저희 동서방 기독교 문화연구회는 계속해서 초대교회의 갈등이라는 주제로 교부들의 글을 살펴보며 연구했습니다. 초대교회에 일어났던 여러 갈등을 외적인 갈등(교회의 갈등 – 1권 『초대교회의 갈등과 치료』)과 내적 갈등(신자들의 마음의 병 – 2권 『초대교회와 마음의 치료』)으로 나누어 초대교회의 갈등과 해결을 여러 각도에서 다루어보았습니다. 이번 책에서는 좀 더 실천적인 관심을 가지고 초대교회의 목회 사역을 다루었습니다. 특별히 초대 교부들이 상담과 멘토링을 통해서 어떻게 교회를 세우고 여러 사역자들과 성도들을 돌보았는지 또 교회 성장을 이루었는지를 소개하고, 이 원리와 방법들을 현대 교회의 목회에 어떻게 적용할 수 있을지 다루었습니다.

이번 책은 기존의 저희 책들과 두 가지 면에서 차별성이 있습니다. 첫째, 앞서 언급한 것처럼 "멘토링과 교회 성장"이라는 실천적인 측면에 주목했습니다. 흔히 교부들을 떠올리면 '신학자'라는 인상이 강합니다. 삼위일체론과 기독론과 같은 교리논쟁을 떠올리기 쉽지만, 교부들은 신학자인 동시에 목회자였습니다. 그들은 신학이라는 학문 자체보다 교회에 관심이 많았고, 한 사람의 성도를 어떻게 신앙적으로 잘 세울수 있을지를 늘 고민했던 사람들이었습니다. 그 가운데 중요한 요소가 멘토링입니다. 교부들은 위기 속에 있는 교회와 사역자 및 성도들과 편지를 주고받으며 그들을 영적으로 지도했습니다. 교부들의 목회는 서신 목회라고 해도 과언이 아닐 만큼 많은 편지를 남겼습니다. 신약성경의 여러 바울서신들이 그 증거입니다. 그들의 멘토링의 원리와 방법이 이 편지들에 고스란히 남아있습니다. 우리 연구회는 현장에 좀 더 도움이 되었으면 좋겠다는 바람을 가지고, 교부들의 편지들과 그 편지들에 담긴 멘토링을 집중적으로 연구했습니다. 멘토링과 아울러 교회 성장역시 초대교회에 매우 중요한 주제입니다. 초대교회는 현실적으로 불가능한 상황 속에서 성장이라는 놀라운 결과를 이루었습니다. 이 역사를 다시 돌아보는 작업은 현재 탈성장시대를 맞이한 한국교회에 시사하는 바가 클 것입니다.

둘째, 실제 교회 현장에서 사역하시는 목회자들의 글을 실었습니다. 교부들의 멘토링과 교회 성장의 원리가 과거의 기록으로 그치는 것이 아니라 현재 우리와 어떠한 관련이 있는지 보여주려고 했습니다. 동서

방 기독교 문화 연구회의 가장 큰 목표 중 하나가 교부와 현대의 대화
인데, 이 책에서 그 점이 잘 드러납니다. 책을 읽다 보면 자연스럽게 이
그나티우스와 아우구스티누스의 멘토링이 현대교회의 목회와 연결되
어 있다는 점을 발견할 것입니다. 과거 교부들의 활동이 오늘의 교회를
위한 좋은 자원이 되기를 바랍니다.

책이 나오기까지 여러모로 도움을 주신 분들께 감사의 인사를 드
립니다. 먼저 저희 동서방 기독교 문화 연구회의 활동을 위해 후원을 아
끼지 않으시는 안상호 재활의학과 원장님께 진심으로 감사드리며, 여
러 어려운 상황 속에서도 교부신학 시리즈를 출판해 주신 다함 대표님
에게도 감사를 드립니다. 소중한 원고를 주신 향상교회 김석홍 목사님
과 시광교회 이정규 목사님께도 감사의 인사를 드립니다. 모든 분들의
사랑과 수고가 좋은 열매를 맺기를 원합니다.

동서방 기독교 문화연구회를 대표하여

배정훈 교수 (고신대학교 신학과, 교회사)

약어

인용된 이그나티우스의 작품 목록과 약어		
약어	헬라어/영어이름	우리말 이름
Ep	*ΠΡΟΣ ΕΦΕΣΙΟΥΣ ΙΓΝΑΤΙΟΣ* *(To the Ephesians)*	「에베소 인들에게」
Mag	*ΜΑΓΝΗΣΙΕΥΣΙΝ ΙΓΝΑΤΙΟΣ* *(To the Magnesians)*	「마그네시아 인들에게」
Tral	*ΤΡΑΛΛΙΑΝΟΙΣ ΙΓΝΑΤΙΟΣ* *(To the Trallians)*	「트랄레스 인들에게」
Rom	*ΠΡΟΣ ΡΩΜΑΙΟΥΕ ΙΓΝΑΤΙΟΣ* *(To the Romans)*	「로마 인들에게」
Phil	*ΦΙΛΑΔΕΛΦΕΥΣΙΝ ΙΓΝΑΤΙΟΣ* *(To the Philadelphians)*	「빌라델피아 인들에게」

Smy	*ΣΜΥΡΝΑΙΟΙΣ ΙΓΝΑΤΙΟΣ* (*To the Smyrnaeans*)	「서머나 인들에게」
Pol	*ΠΡΟΣ ΠΟΛΥΚΑΡΠΟΝ* *ΙΓΝΑΤΙΟΣ* (*To Polycarp*)	「폴리갑에게」
아우구스티누스 작품 약어표		
c. Faust.	*Contra Faustum Manicheum*	『마니교도 파우스투스 반박』
conf.	*Confessiones*	『고백록』
en. Ps.	*Enarrationes in Psalmos*	『시편 강해』
ep.	*Epistulae*	『서간집』
mor.	*De moribus ecclesiae* *catholicae et de moribus* *Manichaeorum*	『보편교회의 관습』
ord.	*De ordine*	『질서론』
op. mon.	*De opere monachorum*	『수도사의 일』
s.	*Sermones*	『설교』
현대 라틴어 비평본 약어표		
CCL	Corpus Christianorum Series Latina	
CSEL	Corpus Scriptorum Ecclesiasticorum Latinorum	

갈등하는 영혼을 초장으로 인도하는
이그나티우스의 멘토링

EARLY CHURCH

갈등하는 영혼을 초장으로 인도하는 이그나티우스의 멘토링

조윤호 목사 (그리심교회, 조직신학 박사)

이그나티우스의 멘토링에 나타나는 특징

안디옥의 이그나티우스(Ignatius of Antioch, 35-108)는 순교자로 잘 알려져 있다. 그가 순교 당하기 위해 로마로 압송당하던 도중에 기록한 일곱 편의 서신은 1세기 말과 2세기 초의 중요한 고증자료로 쓰임을 받고 있다. 그의 서신은 속사도 교부였던 이그나티우스의 신앙뿐 아니라 그 당시 교회와 성도들의 형편과 상황을 알고자 하는 독자들에게 긴요한 정보를 제공해 주고 있다. 그리고 그의 서신이 중요한 고증자료로 쓰임 받고 있는 또 하나의 이유는 당시의 시대적 상황과 함께 어떤 것

들이 사회의 이슈로 작용하고 있었는지 역사적 사실을 생생하게 보도
해 주고 있기 때문이다.

이그나티우스가 활동하던 당시에는 유대 지역뿐 아니라 유럽과 메
소포타미아 지역에 이르기까지 교회는 순회하는 사역들을 중심으로
성경과 교리적 가르침이 이루어졌다. 당시 교회는 지금처럼 규모가 있
는 집합체를 형성하기보다 가정교회를 중심으로 소단위의 교회들이
운영되고 있었다. 이로 인해 교회는 순회 사역의 필요성을 느끼게 된
다. 이때 순회하는 사역자들 가운데는 거짓된 말씀과 거짓된 교리를 가
르치는 일명 거짓 교사들이 있었다. 거짓 교사들의 등장으로 인해 교회
는 매우 영적으로 혼란한 상태에 빠진다.

초대교회 당시 에비온주의(Ebionism)와 영지주의(Gnosticism) 사상
은 거짓 교사들이 중심에 두고 있었던 이단 사상이었다. 이런 이단적
사상으로 무장된 거짓 교사들이 순회하며 자신들의 사상과 거짓된 교
리를 가르친다. 이들의 가르침은 사도들과 제자들로부터 가르침을 받
았던 '이신칭의'와 같은 구원론과 대치되는 에비온주의와 지식에 따른
영지주의의 구원론을 가르친다. 심각한 교리적 충돌을 일으키며 교회
와 성도들을 영적 갈등 속에 빠뜨리게 된다. 여기에 로마 정부의 핍박이
가세하면서 갈등은 마치 불에 기름을 부은 것과 같은 모습을 하게 된다.
황제 숭배 사상을 강요하는 로마 정부로부터 가해지는 핍박은 교회와
성도들의 존재를 위협하고 있었다. 이런 가운데 교회와 성도들의 영혼
은 갈등하며 중심을 잡지 못하고 흔들림을 당한다. 이 사실 앞에 이그

나티우스의 멘토링이 일곱 서신을 통해 빛을 발하게 된다.

순교의 길을 가던 이그나티우스는 소아시아 교회들과 자신이 순교 당할 종착지인 로마를 향해 그리고 폴리갑에게 서신을 보낸다. 먼저 서 머나에 도착하여 첫 번째 서신을 기록한다. 「에베소 인들에게」, 「마그 네시아 인들에게」, 「트랄레스 인들에게」, 「로마 인들에게」, 그는 네 편 의 서신을 기록하여 자신과 동행하고 있던 동역자들을 통해 서신들이 전달되도록 한다. 그리고 두 번째 서신은 드로아에 도착하여 기록한다. 「빌라델피아 인들에게」, 「서머나 인들에게」, 「폴리갑에게」 보내는 세 편의 서신이었다.[1]

순교 현장을 향하던 그가 일곱 편의 서신을 기록해야만 했던 것은 세 가지 요인이 중요하게 작용하고 있었기 때문이다. 그것은 이단으로 인한 교리적 갈등, 교회를 향한 로마 정부의 핍박으로 인한 갈등, 참된 그리스도인의 길과 관련된 신앙의 갈등 구조였다.[2] 영혼이 갈등 속에 빠진 위기의 상황을 바라보며 기록한 이그나티우스의 일곱 서신이 가지는 특징은 예수 그리스도와 십자가를 떠나지 않는다는 것과 사도들을 표상으로 하고 있다는 데 있다. 이것은 교회와 성도들을 향한 그의 멘토링이 가지는 특징이기도 했다.

이그나티우스의 서신은 현재 일어나고 있는 자신에 관한 소식을 전한다든지, 전개되고 있는 여러 상황들의 이해를 돕기 위한 목적으로 기록된 것이 아니다. 그의 서신은 당시 수면 위에 떠올랐던 세 가지의 갈등 구조(앞에 제시되었던 세 가지 갈등)를 해결하고, 교회를 이끌어가는

데 책임을 다하는 속사도 교부로서 '지도(指導) 서신'이었으며, 리더십을 겸비한 멘토링의 성격을 가진 서신이었다. 이런 이그나티우스의 서신에 나타나는 멘토링은 성경을 바탕에 둔 그리스도와 사도들의 가르침이 제1원인으로 작용하고 있었다.

성경은 다양한 장르에서 멘토링을 소개하고 있다. 우리는 모세오경과 열왕기 그리고 선지서 등 다양한 장르를 통해 멘토링과 관련된 기사를 접하게 된다. 창세기에서는 멘토링의 출발을 믿음의 조상이라 일컫는 아브라함에게서 발견하게 한다. 이어서 이삭과 야곱 그리고 요셉 등 족장들의 세계에서 펼쳐졌던 신앙을 통해 각각의 멘토링을 만나게 된다. 그뿐 아니라 모세와 여호수아, 사무엘, 다윗과 히스기야, 요시야 그리고 선지자들과 느헤미야의 예 등을 통해 멘토링을 다양하게 증거하고 있다.

디모데후서 3장 14절에 의하면 바울이 디모데를 교훈할 때 "배우고 확신한 일에 거하라"라고 권면한다. 이그나티우스의 멘토링은 그리스도와 사도들의 가르침을 근거로 하고 있다. 특히 그리스도와 사도들의 가르침은 자신을 지금 이 자리와 이 순간까지 이끌어주었던 제1원인에 대한 근거이기도 했다. 이그나티우스는 자신이 '배우고 확신한 일'에 거했던 것을 바탕으로 교회와 성도들을 신앙의 집합체로 묶어 멘토링 한다.

이그나티우스의 일곱 서신은 중심에 그리스도론이 있다. 이것이 교회론과 신앙론으로 발전하여 내용을 전개해 나가는 특징을 가진다. 이런 가운데 그의 서신은 위기 앞에 갈등하고 있는 교회와 성도들을 견인하며 답을 주는 멘토링을 펼쳐나간다. 일률적이면서도 분명한 방향을 제시하고 있는 그의 멘토링은 여러 부분에서 큰 의미를 갖는다. 특히 끝을 알 수 없는 코로나로 무너진 경제 구조와 삶의 형태를 맞이하고 있는 현실에 비추어 볼 때 그의 멘토링에 따른 방향 제시는 건강한 교회와 성도들을 세워가는 일에 밑거름이 된다.

이단과 로마 정부로부터 2세기 초대교회가 받은 갈등에 대해 이그나티우스는 이것을 어떻게 멘토링 했는지 세 가지 관점에서 돌아볼 필요가 있다. 첫 번째는 가치관을 일깨우는 멘토링의 관점에서 그리고 두 번째는 사고를 전환시키는 모본의 멘토링의 관점에서, 세 번째는 목자적 멘토링의 관점에서 이를 조명해 볼 필요가 있다.

당면한 위기 앞에 놓인 교회와 성도들의 문제는 시간이 답을 주지 않는다. 마귀는 우는 사자처럼 삼킬 자를 두루 찾아다니고 있다. 당면한 현실과 절박함이라는 위기 앞에서 갈등하는 교회와 성도들을 어떻게 멘토링 할 것인지 이그나티우스는 일정 부분 우리에게 답을 주고 있다. 위기에 따른 갈등을 신앙으로 승화시켜 나간 그의 멘토링을 통해 위기를 맞이하고 있는 신앙과 신학 앞에 우리는 어떻게 멘토링을 해야 하는지 그 답을 찾아야 한다.

1. 참된 가치관을 일깨우고 이끌어내는 "영혼을 향한 멘토링"

(1) 그리스도인의 참된 가치관을 일깨우는 멘토링

이그나티우스의 멘토링의 뛰어남은 상대의 잠재적 가치관을 일깨워주면서, 그 가치관 아래 담대하고 당당하게 서도록 이끌어가는 데 있다. 「서머나 인들에게」 보낸 서신에도 이런 모습이 역력히 드러난다. 서머나 인들은 그리스도인이라는 이유로 로마 정부로부터 받는 핍박 속에서 고통과 공포, 두려움이라는 갈등 속에 빠져 있었다. 이그나티우스는 그리스도인이라는 이유로 무너짐을 당하고 있는 서머나 교인들에게서 자신들이 미처 발견하지 못하고 있는 그리스도를 향한 참된 가치관을 발견하게 된다. "그리스도의 피와 사랑에 뿌리를 내리고 있으며, 이런 가운데 흔들리지 않는 믿음을 가지고 있는 것을 보았습니다."[3]

이그나티우스는 서머나 인들이 스스로 느끼지 못했던 그리스도인에 대한 자신들의 참된 가치관과 진가를 발견하도록 한다. 그리고 흔들리지 않는 믿음의 열매를 가진 자신들의 모습을 돌아보도록 멘토링 한다. 이를 위해 그의 멘토링은 제일 먼저 이들의 영혼을 일깨우는 것으로 역할을 감당한다. 영적으로 깨어나서 자신들이 어디에 서 있는지 발견하도록 한다. 그들의 모습은 갈등하는 위기 앞에서도 참된 진리의 가치관 중심에 세워져 있었던 것이다. 이그나티우스의 멘토링은 서머나 교인들로 하여금 이런 자신들의 모습에 대한 참된 가치관을 발견하도록 신앙으로 지도하고 있다.

신앙의 참된 가치관은 심리 또는 역사적 사실이 아닌 진리에 기초한다.[4] 리처드 백스터(Richard Baxter, 1615-1691)는 『기독교 생활 지침』에서 '새 신자들의 신앙 성장을 돕는 법'을 다룬다. 여기서 그는 "진리와 경건의 탁월함을 취하지 않고 새로움이나 명성을 택하게 되면 새로움과 명성이 사라질 때 그 사람의 신앙 또한 사라지게 될 것"을 조언한다.[5] 신앙을 통해 그 사람의 가치관을 발견하도록 만들어가야 한다.

이그나티우스는 자신을 예로 들면서 신앙을 통해 그리스도인의 참된 가치관을 가질 것을 멘토링 한다. 죽음을 정복한 그리스도의 부활 사건이 만약 가짜라면 자신이 쇠사슬에 매여 로마로 압송당하는 순교가 얼마나 허무한지 「서머나 인들에게」 보낸 서신에서 단편적으로 '가짜의 모습'에 비유한다. 자신이 걸어가는 순교의 길은 그리스도에 속한 자의 걸음일 뿐만 아니라 부활의 주님에 속한 자의 걸음이니 죽음 앞에서 두려움이 자신의 영혼을 갈등적 구조 속으로 몰아갈 수 없다는 것이다. 왜냐하면 그리스도의 부활이 사실인 것처럼 그리스도께 속한 자로서 자신의 부활 또한 기다려지기 때문이다.

> 만약 우리 주님께서 하신 것이 가짜라면 사슬에 묶인 내 존재도 가짜입니다. 그렇다면 내가 어찌하여 죽음과 불과 칼과 들짐승에게 나를 온전히 내주었겠습니까? … 야수들과 함께 있다는 것은 하나님과 함께 있다는 것을 의미합니다. 그러나 모든 것이 예수 그리스도의 이름으로 이루어져야 합니다.(Smy, 4:2)[6]

그리스도인의 참된 가치관을 깨달았을 때 나타나는 모습을 자신의 순교에 비춰보고 있는 이그나티우스의 멘토링은 단순한 간증이 아니었다. 독자로 하여금 그 가치관 속으로 들어오도록 이끌어가는 효력을 발하는 그의 멘토링은 서신의 곳곳에 등장한다. 에베소 인들을 향한 서신에서도 밝혔듯이 자신이 로마의 야수들 앞에 놓일 순교의 순간을 두려워하지 않았던 이유는 "그 길이 그리스도인으로서 주님의 '참된 제자'가 되기 때문"[7]이다. 그리스도인의 참된 가치관은 그 사람의 삶과 자세를 변화시킨다.[8] 이런 가치관은 자신이 아는 지식으로 되는 것이 아니라 그리스도의 피로 만들어진다.[9] '모든 것을 다 이루신'(참고, 요 19:30) 그리스도의 십자가에 의해 그 가치는 더욱 높아진다.

이그나티우스는 그리스도인의 가치관을 증거하면서 이와 관련하여 십자가를 '기중기'에 비유하기도 한다.[10] 이런 비유 등을 통해 그의 멘토링은 "우리가 그리스도인이라고 불려야 할 뿐 아니라 그리스도인이어야 한다"[11]는 것을 알게 한다. 가치관의 바른 전환을 가지도록 지도하고 있다. 십자가가 우리의 가치를 죽을 존재에서 영생을 얻을 존재로 일으켜 세운 것처럼 우리의 가치관 또한 이런 진리의 참된 가치관 가운데 바르게 세워져야 한다는 것을 가르치고 있다. 진정한 그리스도인의 가치관으로 일어나야 한다는 것이 그의 멘토링이었다.

이그나티우스의 멘토링은 그리스도인의 참된 가치관을 높이고, 되찾게 만든다. 또한 '우리'라는 존재 자체가 하나님의 것이고, 예수 그리스도를 통해 '하나님의 인'을 지닌 그리스도인이라는 사실을 일깨운다.

이를 통해 고난에 사로잡혀 갈등 가운데 놓인 성도들로 하여금 그리스도인의 참된 가치관을 가지도록 한다.[12] 이런 그의 멘토링은 하나님의 영광을 위해 일하는 자신처럼 성도들(이 서신을 읽는 모든 독자) 또한 그 반석 위에 서서 하나님께 영광을 돌리는 자가 되도록 만들어가고 있다.

(2) 동역의 참된 가치관을 이끌어내는 멘토링

동역의 참된 가치관은 제각각의 모습을 하나로 묶어내는 데 있다. 스테판 차녹(Stephen Charnock, 1628-1680)은 하나님의 능력을 '하나님의 단순성'과 연결한다. 이는 삼위일체가 이루는 속성에 따른 일치성을 반영한다. 이를 통해 하나님의 뜻이 세 가지가 아니라 한 가지로 펼쳐지고 이루어진다는 점을 강조한다.[13] '하나의 교회'와 성도가 동역을 이룬다는 것은 사람의 자발적인 발상이나 의지로 말미암는 것이 아니라 '하나의 본질'을 묶어내는 것으로부터 그 출발이 이뤄져야 한다. 이그나티우스의 멘토링의 또 다른 특징은 서로를 '하나로 묶어내는 것'에 있다. 여기서 두드러지는 것은 자신을 드러내는 것이 아니라 자신을 부족한 자로, 형제들이 함께 동역을 이뤄줘야 할 존재로, 심지어 서신을 받아보는 성도들의 지도가 필요한 존재로 자신에 대해 말하며 동역에 따른 필요성을 이끌어내고 있다.

나는 여러분에게 내가 중요한 사람인 것처럼 명령하지 않습니다. 나는 그 이름을 위하여 갇힌 자이지만 아직 그리스도인의 온전함에 이르지 못했습니다. 나는 이제 막 제자가 되기 시작했습니다. 그렇기 때문에 나는 여러분을 동료 학생들이라 부릅니다. 나는 믿음, 격려, 감내, 인내에 있어서 여러분의 지도(코칭)가 필요했습니다.(*Ep*, 3:2)[14]

또한 이그나티우스의 멘토링은 자신이 그들과 함께 하고 있다는 사실을 알게 하면서 동역을 이끌어낸다. 에베소 인들을 향한 서신의 말미(末尾)에 보면 서신을 받아보는 독자들과 자신이 함께 동역하고 있다는 마음을 전한다. 이 과정을 통해 그들을 자신과 같은 가치관으로 하나가 되도록 묶어낸다. "나는 여러분과 여러분이 하나님의 영광을 위하여 서머나로 보내신 자들을 위해 내 생명을 바칩니다. … 예수 그리스도께서 여러분에게 하시는 것처럼 저를 기억하십시오."[15] 동역은 한마음을 품게 하고, 하나를 이루는 사역을 만들어낸다. 그는 교회와 성도를 일치와 연합으로 이끌어낼 때 지배적 개념의 군림하는 방식이나 상부 하달 방식의 명령체계를 강조하지 않는다. 그리스도인이라는 신앙의 형틀 안에서 동역을 이루며, 그리스도 한 분 안에서 서로 일치를 이루게 한다.

특히 이그나티우스의 일곱 서신에 나타나는 인사말에는 그의 특유한 멘토링이 숨겨져 있는데, 그것은 바로 '데오포로스(θεοφόρος, 하나님에 의해 영감을 받은 자)'라는 단어이다. 이 단어는 서신을 받는 수신자보다 자신이 영적으로 상위에 있다는 것을 말하지 않는다. 교회사 학자인 시릴 리차드슨(Cyril. C. Richardson, 1909-1976)의 지적에 의하면 "이 단어는 명사적 의미에서 사용된 것이 아니다. 예언적 성격을 나타내는 측면에서 자신을 칭하는 별명 또는 별칭"[16]이었다.

명사보다 예언적 성격을 가진 이 단어에서 이그나티우스는 자신의 사역을 변증하면서 동역을 이끌어내고 있다. 당면하고 있는 로마 정부로부터 불어닥치는 고난과 이단의 거짓된 교리 앞에 갈등하는 교회와 성도들에게 그리스도를 중심에 세우도록 한다. 그리고 모든 것에 대한 가치관의 중심에 그리스도를 두도록 지도한다.[17] 이와 같이 그는 '데오포로스'를 통해 자신을 드러내는 것이 아니라 그리스도를 닮은 그리스도인의 참된 가치관을 세우고 있다. 그리고 여기에 대해 동역을 이루며 참된 그리스도인의 가치관을 만들어가도록 멘토링 하고 있다.

(3) 고난의 참된 가치관을 일깨우는 멘토링

토머스 브룩스(Thomas Brooks, 1608-1680)에 의하면 주권자 되시는 하나님께서 우리를 향해 환난을 명하셨다.[18] 그러나 하나님께서 명하신 환난은 우리의 무너짐을 목적으로 하고 있지 않다. 로마서 5장 4절은 말하고 있다. "인내는 연단을, 연단은 소망을 이루게" 한다. 하나님께서 명하신 환난 가운데 나타나는 고난은 우리로 하여금 하나님께 복종하게 만든다. 그리고 신앙 가운데 당하는 고난은 그 과정을 통해 신앙을 더욱 정결하게 만들어가고, 신앙의 성장을 꾀하게 한다. 이그나티우스는 그리스도인으로서 당하는 고난의 원인을 피해를 제공하는 측면에서 찾는 것이 아니라 그 고난이 의미하고 있는 바에서 찾도록 멘토링 한다.

피해를 제공하는 측면에서 고난을 바라보게 되면 낙망과 좌절이 지배적으로 자신을 다스리게 된다. 그러나 고난이 무엇을 의미하고 있는지 이것을 신앙 안에서 찾게 되면 부활과 천국이 소망 가운데 펼쳐지게 된다. 이그나티우스의 멘토링은 고난을 통해 고난을 바라보는 것이 아니라 고난이 주는 참된 가치관에 눈을 뜨도록 한다. 이런 가운데 고난을 바라보면서 낙망이 아니라 참된 소망의 결실을 보게 한다.

그는 로마로 압송당하면서 고통이 함께하는 고난 가운데 처해 있었다. 그러나 그는 이 고난을 통해 자신이 참된 그리스도인이 되어가고 있다는 것을 발견하게 된다. 이런 결론은 고난을 통해 자신에게 피해를 제공하고 있는 로마를 바라보면서 생겨난 것이 아니었다. 그는 로마로부터 가해져 오는 고난을 통해 로마를 바라본 것이 아니라 십자가의 고통 가운데 놓였던 그리스도를 바라보게 되었고 이런 가운데 자신의 모습이 참된 그리스도인이 되어가고 있다는 것을 알게 되었다.

이그나티우스의 일곱 서신은 고통 가운데 무너짐을 당하고 있는 성도들을 향해 고난을 통해 십자가의 그리스도를 발견하도록 멘토링 하고 있다. 그리고 그리스도인의 참된 가치관을 찾는 길로 인도한다. 「에베소 인들에게」와 「트랄레스 인들에게」 보낸 서신의 인사말에서 신앙에 따른 고난은 무너짐이 아니라 그리스도와 함께 참된 행복의 가치관 속으로 들어가는 것이며, 동시에 그 가치관 속에 세워진다는 것을 알게 한다.

> 여러분의 일치와 택하심으로 여러분은 우리의 하나님이신 아
> 버지와 예수 그리스도의 뜻에 의해 참된 고난을 받고 있습니
> 다. 그러므로 여러분은 행복하다고 여겨질 만한 자격이 있습니
> 다.(Ep, Text)[19]

> 여러분은 택함을 받은 자들이며, 예수 그리스도의 아버지이신
> 하나님께 사랑을 받고 있으며, 그분의 진정한 자랑거리입니다.
> 여러분은 우리의 소망이신 예수 그리스도의 수난으로 인해 온
> 전히 평안을 누리고 계십니다. 이는 우리가 그리스도와 연합하
> 여 다시 살아날 것(부활)이기 때문입니다.(Tral, Text)[20]

이그나티우스의 멘토링은 에베소의 성도들로 하여금 "그리스도의
영 안에서 그분을 사랑하고 그분과 같기를 기도"하도록 한다.[21] 그리고
빌라델피아의 성도들에게 '연합을 소중히 여길 것'과 '그리스도께서 아
버지 하나님을 본받으신 것'을 돌아보며 그 가치관에 세워지도록 한다.
그는 파벌을 지어 일하지 말고 그리스도의 제자답게 행동하도록 촉구
하고 있다. 그리고 이런 자신의 마음의 원본 또한 예수 그리스도라는
사실을 고백한다.[22] 만약 누군가가 그리스도인의 근원에 대해 묻는다면
그는 '그리스도의 피'와 '그리스도의 십자가'에 있다고 한 치의 망설임
없이 제시할 것이다.
헤르만 바빙크(Herman Bavinck, 1854-1921)는 『기독교 세계관』을 통

해 가치관을 논하면서 "모든 속성들과 작용에 관한 원리는 뿌리를 둔 본성에서 이루어진다"[23]라고 피력했다. 이그나티우스의 가치관의 뿌리와 근원은 그리스도다. 이런 그의 멘토링의 원리 또한 그리스도 안에서 근원을 이루고 있다. 그는 순교라는 극단적인 순간이 자신을 기다리고 있었지만, 여기에 대해 두려움과 공포를 말하기보다 그리스도를 닮아가는 길에 서 있는 자신의 모습을 먼저 기억하며 교회와 성도들로 하여금 그리스도인의 가치관 앞에 서도록 독려하는 멘토링을 펼친다.

> 다만 내가 육신의 강건함을 얻어 [순교에 대해] 말할 뿐만 아니라 진정 원할 수 있도록 기도해 주십시오. 나는 단순히 그리스도인이라고 칭함을 받는 것이 아니라 실제로 그리스도인이 되기를 원합니다.(*Rom*, 3:2)[24] ⋯ 그러므로 내가 죽었을 때, 나는 누구에게도 짐이 되지 않을 것입니다. 그러면 세상이 더 이상 내 육체를 보지 못할 때 나는 예수 그리스도의 진정한 제자가 될 것입니다. 이러한 수단을 통해 내가 하나님의 산 제물이 될 수 있도록 그리스도께 기도해 주십시오.(*Rom*, 4:2)[25] ⋯ 불이여, 십자가여, 야수들과 싸우는 것이여, 뼈를 찢는 것이여, 사지를 자르는 것이여, 온몸을 으스러뜨리는 것이여, 마귀의 잔혹한 고문이여, 나를 오직 예수 그리스도께 나아가게만 하라!(*Rom*, 5:3)[26]

이그나티우스에 따르면 고난은 자신을 무너뜨리는 괴물이 아니다. 하나님의 시간 안에 들어 있는 희망을 알리는 메시지다. 「폴리갑에게」

보낸 서신에 따르면 거친 풍랑이 몰아칠 때 항구가 필요하듯이 고난은 영혼들을 하나님께로 나가길 갈망하게 만드는 도구가 된다. 이그나티우스의 멘토링은 고난 앞에서 소망을 잃지 말고 더욱 열성적으로 하나님께서 허락하신 시대를 바라보도록 한다.[27] 그는 폴리갑(Polycarp, 69-155)이 감독으로 있는 서머나 교인들을 향해서도 당하는 고난을 두려워하여 굴복당할 것이 아니라 인내를 갑옷으로 삼고 이겨나가도록 한다.[28] 모든 것을 주관하시는 하나님의 일하심을 발견하며, 고난 속에서 고난이 가져오는 참된 가치관을 영적으로 직시하도록 멘토링 하고 있다.

2. 사고(Thinking)와 열렬함(Willing)을 이끌어내는 "모본(模本)의 멘토링"

(1) 사도들의 표상(表象)을 통해 그리스도를 사고하게 하는 멘토링

이그나티우스의 멘토링은 본받을 대상을 사도적 모습 속에서 찾고 있다는 점이 중요하다. 그는 교회를 바르게 세우고 이끌어가야 할 감독과 장로들에게 "하나님을 대신하여" 주재하는 모습이 되도록 한다. 그리고 "사도적 공의회를 대신"하도록 두 가지 점을 명심시킨다.[29] 특히 「마그네시아 인들에게」 보낸 서신에서 사도적 표상 위에 세워진 감독과 지도자를 교회로부터, 성도들로부터 분열시키는 그 어떤 행위도 용

납하지 말 것을 강력하게 촉구하고 있다.[30]

주님과 사도들의 명령은 육체와 영혼을 바르게 이끌어가는 표상으로써 능동적 사고와 바른 섬김의 본을 이끌어낸다. 사도들이 예수님과 성부와 성령께 경의를 표했던 것처럼 감독과 서로에게 경의를 표하도록 멘토링 한다.[31] 그는 건강한 교회의 감독과 장로를 거짓 교사들과 비교할 때 사도적 표상으로 비춰보도록 한다.[32] 흔히 배운 것을 가르친다고 한다. 이그나티우스는 「트랄레스 인들에게」 보낸 서신에서 교회를 향하고, 성도들을 돌아보는 자신의 마음을 가리켜 '사도적 방식'이라고 밝히고 있다.[33] J. N. D. 켈리(J. N. D. Kelly, 1909-1997)에 따르면 그는 그리스도와 바울을 이상으로 삼는 속사도 교부였다.[34] 아달베르 함만(Adalbert Gautier Hamman, 1910-2000)은 이그나티우스의 신앙을 가리켜 "사도들에게 전해 받은 것을 고백하는 신앙"[35]이라고 증거한 바 있다.

순교를 앞두고 로마를 향하던 이그나타우스 또한 일반적인 사람들과 같이 두려움이라는 갈등에서 자유로울 수 없었다. 이런 사실은 "순교의 최후를 맞이할 수 있도록 위안이 되었던 것이 '복음서'와 '사도서'였다"[36]라고 밝힌 「빌라델피아 인들에게」 보낸 서신의 제5장이 증명하고 있다. 자신 또한 '사도의 표상' 가운데 세워진 한 사람이었다. 그가 순교 현장을 순응하며 받아들일 수 있었던 것은 그리스도의 십자가 길을 자신보다 앞서 걸었던 사도들이 있었기에 그 길이 외롭지 않았고 위안이 되었다.

'사도의 표상'은 성도들을 자신의 제자가 아니라 그리스도를 닮은 그리스도의 제자로 세워나간다. 그의 멘토링은 사도적 발상에 따른 긍정적 사고를 이끌어낸다. 사도들의 신앙을 돌아보면서 그리스도를 떠올리는 긍정적 사고의 발상을 만들어내도록 한다. 그리고 자신이 걸어가는 순교의 길을 다른 사람 또한 열렬히 갈망하게 만들어가고 있다.

이그나티우스로부터 많은 영향을 받았던 서머나의 초대 감독인 폴리갑은 로마 정부로부터 핍박당하며 빌라델피아 교인과 함께 '사도의 수(數)'에 맞춰 화형당하는 순교의 길을 걷는다.[37] 그 또한 이그나티우스처럼 사도의 길을 따르기를 기뻐했으며, 이런 자신을 사도들과 같은 반열에 올려놓지 못하도록 철저히 경계한다.[38] 이와 같이 '사도의 표상'을 제시하는 이그나티우스의 멘토링은 사도적 발상을 통해 그리스도를 '사고(Thinking)'하게 만든다. 그리고 그리스도를 '열렬히 갈망하는(Willing) 자리'에 이르게 한다.

'사도의 표상' 가운데 세워진 그는 굴욕적인 자세로 순교를 피하는 자리에 서는 것보다 순교를 통해 그리스도께로 가는 길을 열렬히 원한다. 로마인들을 향한 서신에서 이를 더욱 분명하게 밝힌다. "광활한 땅과 이 세상의 왕국이 내게는 아무 소용 없습니다. 땅끝을 다스리는 것보다 '나는 차라리 죽고' 예수 그리스도께로 나아가겠습니다."[39] 이런 이그나티우스의 갈망은 로마교회 성도들의 호응을 이끌어낸다. 이상규 교수는 자신의 저서 『초기 기독교와 로마 사회』에서 이그나티우스의 순교사를 다룬다. 그는 여기서 사람들이 순교 현장에서 죽어가는 한 사람을 목격한 것이 아니라 자신들이 닮아야 할 그리스도를 닮은 참된 그리스도인을 목격하게 되었다고 피력한다.[40] 이와같이 사도의 표상을 제시할 뿐만 아니라 자신이 그 길의 장본인이 된 이그나티우스의 멘토링은 그리스도를 향한 성도들의 '사고'와 '열렬함'을 이끌어내고 있었다.

(2) 확신에 따른 동기부여(Motivation)를 통해 열렬함을 이끌어내는 멘토링

이그나티우스는 성도들에게 성숙한 신앙의 동기부여를 통해 이단들로 인한 교리적 갈등과 교회를 향한 로마의 박해를 이겨내도록 한다. 그는 에베소 교회의 성도들을 향해 성숙한 신앙의 자세를 가지도록 다음과 같이 권면한다. "여러분이 연합하고 순복하며 감독과 장로회에 복종할 때 여러분들은 진정한 성인이 될 것입니다."[41] 특히 성도가 성숙한 신앙의 위치에 서려면 자신의 위치와 현주소에 대해 확신이 있어야 한다.

이그나티우스는 「마그네시아 인들에게」 보낸 서신의 제4장에서 이런 답을 준다. "우리는 그리스도인이라고 불릴 뿐만 아니라 그리스도인이 되어야 합니다."[42] 존재의 확신은 다음 단계의 비전을 만들어간다. 자신이 어떤 존재가 되어야 하고 어떤 위치에 서야 하는지 알게 하고, 그 사고와 신앙에 대해 자발적이고 능동적인 자세를 취하게 한다. 이때 인간 의지의 동기는 하나님의 섭리와 분리되지 않는다.[43] 아우구스티누스(Aurelius Augustinus, 354-430)는 『자유의지론』에서 하나님께서 인간에게 주신 자유의지를 가리켜 인간의 뜻대로 행하는 것을 목표로 하는 것이 아니라 하나님의 선하신 뜻을 이루는 측면에서 작동되어야 할 의지라고 밝힌 바 있다.[44] 인간의 의지에는 하나님을 향해야 할 분명한 동기부여가 있다.

그리스도인에 대한 확신을 고취 시키는 이그나티우스의 멘토링은 자발적인 의식을 회복하게 한다. 그리고 고난에 따른 역경을 오히려 강하게 일어서게 하는 의지에 따른 동기부여의 매개체가 되게 한다. 이그나티우스 자신이 고난의 역경을 이길 수 있었고, 순교에 대해 두려움을 가지기보다 장차 이뤄질 것에 대한 기대감이 자신을 사로잡고 있었던 것은 그리스도인으로서 '부활'에 대한 확신이 있었기 때문이다. 그는 「에베소 인들에게」 제20장 1절과 「빌라델피아 인들에게」 보낸 서신의 인사말과 본문의 제8장 2절과 제9장 2절, 「서머나 인들에게」 제1장 2절과 제3장 1-2절, 제5장 3절과 제7장 2절, 제12장 2절에서 그리고 「폴리갑에게」 보낸 서신의 제7장 1절에서 그리스도인의 열매인 '부활'을 논한다.[45]

이그나티우스의 멘토링이 가지고 있는 또 다른 특징은 사도들의 표상에 따른 것과 함께 자신을 통해 일어난 경험과 사실을 모본으로 제시한다는 점이다. 이론적 제시가 아니라 사실에 따른 가르침의 접근 방식이다. 이런 그의 멘토링은 그 대상으로 하여금 더욱 확신과 용기를 가지며 주어진 상황 앞에 당당히 서도록 만들어간다. 이와 같이 사실적 증거는 확신과 함께 능동적 사고를 이끌어낸다. 그리고 그리스도를 향한 신앙의 담대함을 가지게 하며 상대의 열렬한 행동을 이끌어낸다. 특히 서머나의 감독이었던 폴리갑은 이그나티우스로부터 받은 개인 서신(「폴리갑에게」)과 함께 이그나티우스가 '부활'의 확신에 대해 가장 많은 가르침을 주고 있었던 「서머나 인들에게」라는 서신을 접하고 많은 영향을 받는다. 이런 모습은 폴리갑이 빌립보 인들에게 보낸 서신에도 나타난다.

> 이제 나는 여러분에게 의의 말씀에 순종하고, 축복받은 이그나티우스와 조시무스와 루푸스뿐 아니라 여러분들 가운데 있는 다른 사람들, 그리고 바울과 나머지 사도들에게서 여러분의 눈으로 직접 본 것과 같은 최대한의 끈기 있는 인내를 발휘하기를 권고합니다. 이 모든 분들이 "헛되이 달음질하지 아니하고" 신앙과 의로움 가운데 달린 것이요, 한때 그들이 주님의 고난에 동참했던 것과 같이 이제는 주님과 함께 그들이 합당하게 차지할 만한 처소에 있음을 확신하십시오.(*Phil*, 9:1-2)[46]

이그나티우스는 교회 밖에는 구원이 없다는 교회론을 제시하면서 교회의 존재와 필요성에 대한 확신과 함께 교회를 중심으로 일치와 연합을 이끌어내는 멘토링을 펼쳐간다.[47] 그는 교회가 예수 그리스도와 함께하고, 예수 그리스도가 하나님 아버지와 함께하는 것을 통해 분파주의를 이겨나가게 한다. 이와 같이 이그나티우스의 멘토링은 그리스도 안에서 살아가는 것이 참된 삶이라는 가치의 확신을 심어주며, 그리스도 안에서 하나를 이루는 동기를 부여한다. 그뿐 아니라 고난으로 말미암아 두려움에 사로잡힌 자들로 하여금 그리스도를 향한 열렬한 신앙으로 그 모습을 승화시켜 나가도록 촉매의 역할을 한다.

(3) 격려와 독려에 따른 동기부여(Motivation)를 통해 적극성을 이끌어 내는 멘토링

이그나티우스의 서신에는 상대의 생각과 행동에 대해 열렬함과 적극성을 이끌어내는 특별한 리더십의 멘토링이 발견된다. 그 대표적인 것들 가운데 하나가 격려와 독려를 통한 동기유발이다. 그는 「에베소인들에게」 보낸 서신에서 데살로니가전서 5장 17절의 말씀을 인용하며 다른 사람을 위해 "쉬지 말고 기도"할 것을 권면한다.[48] 여기에는 인내가 함께 요구된다. 이그나티우스는 이런 모습이 그들을 하나님께로 인도하는 기회가 될 뿐 아니라 상대로 하여금 보고 배우는 장면이 될 것이며, 완악한 그들의 모습을 변화시키는 계기가 될 것이라고 동기를 부여한다.

존 오웬(John Owen, 1616-1683)에 의하면 장로와 목사에게는 성도들을 온전하게 이끌어가고 세워가는 일에 온갖 의무가 함께 부과되어 있다.[49] 이그나티우스는 교회에 대해 책임과 의무를 가지고 있는 감독과 장로들 그리고 성도들을 향해 적극적인 역할들을 감당하도록 멘토링한다. 자신들에게 주어진 사역과 사명을 고난과 갈등이라는 현실 앞에 멈추지 않도록 한다. 인내를 발하며 그리스도인의 참된 가치관을 더 높여가도록 멘토링 한다. 여기서 그는 그리스도인의 인내가 고난과 갈등을 이겨내고, 대적을 이겨내는 중요한 도구가 된다는 것을 잊지 말도록 격려하고 독려하며 더욱 적극적인 자세를 가지도록 멘토링 한다.[50]

사도 바울을 닮은 이그나티우스의 서신에는 '하나님에 의해 영감받은 자'와 '하나님 아버지와 예수 그리스도'라는 인사말이 있다. 그는 인사말과 연결하여 고난과 고통 그리고 교리적 갈등 속에 놓인 교회와 성도들을 격려하고 독려한다.[51] 이런 과정을 통해 이그나티우스는 성도들에게 능동적 사고와 적극적인 신앙의 자세를 이끌어내는 멘토링을 펼친다.

> (인사말) 하나님 아버지와 예수 그리스도 안에서 "하나님에 의해 영감받은 자" 이그나티우스가 메안데르 강변에 있는 마그네시아에 있는 교회에 행복을 빕니다. 우리 구주이신 그리스도 예수 안에서 나는 그분과 연합함으로 인해 하나님 아버지의 은총을 받는 교회에 문안합니다. … (본문) 나는 그들이 우리의 영원한 생명이신 예수 그리스도께서 육을 영과 연합시키셨다는 것을 고백하기를 원합니다. 나는 그들도 그들의 신앙을 사랑으로 연합하기를 원합니다. 그보다 더 나은 것은 없습니다. 무엇보다 예수님과 아버지의 연합을 고백하기를 원합니다.(*Mag*, 1:2)[52]

이그나티우스는 성도들에게 교회의 감독을 따르도록 독려할 때도

"하나님 아버지의 권위를 존중하듯 그들을 존중해야 하며, 우리를 사랑하셨던 예수 그리스도의 명예를 위해 우리 또한 꾸밈없이 감독에게 순종해야"[53] 한다고 권면한다. 특히 사람이 기뻐하는 신앙이 아니라 하나님을 기쁘시게 하는 신앙과 자세를 길러내도록 독려하는 그의 모습은 자신의 순교의 길과도 연관이 있다. 이것은 자신이 가르치고자 하는 참 그리스도인의 모습이기도 했다. 이그나티우스의 이런 격려와 독려의 멘토링은 그리스도인의 참된 모습을 생각하는 사고를 만들어내고 적극적인 신앙의 행동을 이끌어낸다.

그는 그리스도인으로서 당하는 고난을 가리켜 '그리스도에 의해 해방되는 것', '그리스도와 연합되어 다시 살아나는 것', '자유롭게 되는 것'이라고 가르친다. 그는 이를 통해 능동적 사고와 그리스도를 향한 열렬한 의지적 발동을 불러일으키는 동기를 부여한다.[54] 이와 같이 독려와 격려를 곁들인 그의 멘토링은 상대의 인격을 존중함과 동시에 상대가 인격적으로 그리스도 안에 세워지고 반응하도록 이끌어간다.

3. 건강한 교회와 건강한 성도를 세워가는 "목자의 멘토링"

(1) 십자가의 참된 지식으로 자아상(自我像)을 회복시키는 목자의 멘토링

이그나티우스는 「에베소 인들에게」 보낸 서신에서 "세상 군주의 가르침에 생포된 자가 되어 자신의 삶을 강탈당하지 않기 위해 예수 그리스도이신 '하나님의 지식'을 받아들이도록"[55] 한다. 영적으로 무너짐을 당하지 않기 위해 '하나님의 지식'을 통해 '자아상'과 관련된 자신의 '의식'을 회복 받도록 한다. 특히 하나님으로부터 주어진 구원과 관련된 '참된 지식'은 그리스도 외에는 어떤 길도 하나님께서는 허락한 사실이 없다는 것을 알게 한다. 이그나티우스는 이것을 다윗의 언약을 통해 가르치고, 부활을 통해 역설한다. "마리아에 의한 성육신과 부활을 무시하는 어떤 이야기에도 귀를 기울이지 마십시오."[56]

S. F. 스트로슨(Peter Frederick Strawson, 1919-2006)과 같은 철학자는 '자아'를 '지각'에서 발생하는 것으로 본다.[57] 반면 앤서니 A. 후크마(Anthony A. Hoekema, 1913-1988)에 의하면 '자아'는 존재와 역할에 있어서 '인격'과 관련된다. 따라서 '자아상'의 회복은 '하나님의 형상'을 회복해 나가는 칭의와 성화와 긴밀한 관계를 가진다.[58] 성도들을 향한 이그나티우스의 멘토링은 '하나님으로 말미암은 참된 지식'의 회복을 이끌어내며, 이를 통해 성도들의 '자아상'을 건강하게 만들어간다. 그가 가르치고 있는 '자아상'의 회복은 부패하고 무력한 죄의 노예가 아니라 창조 회복을 이끌어가는 칭의와 성화에 따른 '새 창조'를 돌아보게 한다.[59] 이것은 다른 것으로 말미암을 수 없다. 요한복음 19장 30절에서 "다 이루었다"라고 증거하고 있는 그리스도와 십자가로 이루어진다.

십자가와 관련하여 마이클 고먼(Michael Gorman, 1955-현재)은 자신의 저서 『삶으로 담아내는 십자가』를 통해 십자가를 본받는 삶의 능력을 피력한다.[60] 여기에서 그는 바울이 자신의 약함과 고난 속에서도 하나님의 능력을 발견하게 되었는데 그것이 십자가였다고 밝힌다. 십자가의 '참된 지식'을 통해 '자아상'이 회복된 바울에게 나타났던 삶의 가장 큰 변화는 유대교 전통과 다양한 철학적 관점에서 살아왔던 모습에서 진정으로 인류를 바라보는 가치관으로의 전환이었다. 이런 바울은 십자가에 못 박힌 그리스도가 곧 하나님의 능력이라는 사실을 깨닫고, 사도의 길을 걷게 된다.

건강한 교회와 건강한 성도를 세우기 위한 이그나티우스의 목자적 멘토링의 처방전은 '그리스도의 십자가'였다. 그는 「트랄레스 인들에게」 보낸 서신에서 성부께서 성도들을 위해 심은 것과 얻도록 한 것이 무엇인지 '참 지식'의 가르침을 준다. 아버지께서 심으신 것은 "십자가의 가지들"이며, 얻도록 한 것은 "그 십자가의 가지들을 통해 죽지 않는 열매를 맺는 것"이었다.[61] 목자적 멘토링은 자신에게 맡겨진 양들을 인도하는 것에 그치지 않는다. 잘 보살피는 목양에까지 이른다.

백스터에 의하면 거짓된 십자가를 지고 있는 목자들은 겉으로는 양떼를 치지만 속으로는 그 양 떼들을 긍휼히 여기기를 매우 싫어한다.[62] 목자로서 양들의 '자아상'을 바르게 세우는 것은 매우 중요한 과제 중하나다. 무엇으로 '자아상'을 일깨우느냐에 따라 이들이 바라보는 가치관이 달라지기 때문이다. 십자가에 대한 하나님의 '참된 지식'을 깨달은 '자아상'은 십자가를 통해 저주의 형틀이 아니라 저주로부터의 해방을 보며, 자유한 자가 된 자신의 모습을 돌아본다. 그리고 하나님의 크신 은혜를 기억한다.

하나님의 '참된 지식'을 알아가는 데는 여러 가지 도구들이 사용된다. 십자가는 하나님의 '참된 지식'을 알아가는 도구 가운데 아주 특별하고 중요한 위치에 서 있다. 십자가와 관련된 '그리스도론'은 이그나티우스의 일곱 서신 전체의 특징을 이룬다. 이런 '십자가'는 그의 신학적 요소 및 가르침의 중심이 된다. 「에베소 인들에게」 보낸 서신에 따르면 '십자가'는 한 마디로 '구원과 영생'이었다. 여기에 대한 '참된 지식'이 있었기에 순교는 두려움이 아니라 진정한 가치를 찾는 감격의 길이 될 수 있었다.[63] '십자가'는 죽음을 불러오는 것이 아니라 '부활'과 '새 생명'을 증거한다. 이그나티우스는 '십자가'의 '참된 지식'으로 이런 참된 가치관의 '자아상'을 일깨운다. 그리고 교회와 성도들에게 '십자가의 증인'이 될 뿐 아니라 '십자가의 길'을 걷는 참 그리스도인이 되도록 목자로서 멘토링 한다.

(2) 바른 교리로 건강한 영적 길을 제시하는 목자의 멘토링

이그나티우스가 속사도 교부로 활동했던 당시는 플라톤 사상이 가미된 헬레니즘의 영향 아래에 있었다. 이런 가운데 교회와 성도는 율법적 사고 속에 교리적 충돌을 일으켰던 에비온주의와[64] 플라톤의 영향을 받은 영지주의자들의 구원 교리인 "몸이 영혼의 감옥"[65]이라는 가르침에 악영향을 받으며 갈등의 구조를 형성한다.[66] 이그나티우스의 일곱 서신 가운데 가장 긴 21장의 내용을 구성하고 있는 「에베소 인들에게」

보낸 서신의 제13장은 짧은 본문을 통해 강력한 메시지를 전한다. 그는 가현설을 보급하고 있는 영지주의 이단의 교리적 반박을 '성찬'을 통해 만장 일치된 믿음으로 이겨나가도록 멘토링 한다. 여기에 대한 이그나티우스의 어조는 매우 강하고 단호했다.

> 하나님의 성찬을 거행하고 그분을 찬양하도록 더 자주 함께 모이기를 애쓰십시오. 왜냐하면 여러분들이 빈번히 만날 때 사탄의 권세는 무너지고 그의 파괴성은 여러분의 만장 일치된 믿음으로 전복되기 때문입니다. 하늘과 땅의 모든 분쟁을 없애는 평화보다 더 좋은 것은 없습니다.(Ep, 13:1-2)[67]

마그네시아와 트랄레스 교인들을 향한 이그나티우스의 가르침에 따르면 성도는 그리스도의 제자다. 그리스도의 제자로서 '그리스도인'이 되었다는 것은 '그리스도인'으로 사는 법을 배워야 함을 의미한다. 그렇지 않은 자들은 '다른 이름을 가진 자'로서 하나님께 속한 자가 아니다.[68] 그는 이단들의 그릇된 가르침을 '다른 음식'과 '맹독'으로 비유한다.[69] 백스터는 "신앙의 문제에 있어서 무지에 이르거나 근거가 없는 것으로 말미암는 잘못된 확신은 스스로가 속는 이유가 될 뿐"[70]이라며, 자신을 바른 교리로 세워나가는 것이 기독교 신앙에 있어서 얼마나 중요한지 논한다. 이그나티우스는 그리스도의 신성과 인성에 따른 동정녀 탄생을 받아들이지 못하게 하는 이단들의 교리적 갈등에 대해 망설임 없는 자세를 취한다. 자칫 또 다른 구덩이에 빠질 수 있는 교리적 갈등의 소용돌이 속에 있는 교회와 성도들이 곁길을 걷지 않도록 그릇된 교리 앞에 선택적 요소를 제시하지 않는다. 권면을 넘어선 강력한 조치의 결단을 보인다.[71]

이그나티우스의 일곱 서신에 나타나는 멘토링은 전체적으로 두 가지의 특징을 가진다. 첫 번째는 이해를 이끌어내는 멘토링이고, 두 번째는 강력함을 내세운 멘토링이다. 참된 가치관을 일깨우고 사고와 열렬함을 만들어갈 때 그의 멘토링은 상대의 이해를 이끌어낸다. 그러나 교리와 같은 근본을 바르게 세우는 부분에 있어서 그의 멘토링은 강력함이었다. 「빌라델피아 인들에게」 보낸 서신은 거짓된 교리를 '나쁜 목초지'에 비유하면서 반드시 피하고 멀리할 것을 경고한다.[72] 베드로전서 5장 8절은 증거한다. 마귀는 한순간도 쉽을 주지 않고 자신이 삼킬 자를 두루 다니며 찾고 있다. 바른 교리를 세우기 위한 이그나티우스의 가르침은 마귀와 영적 전투의 현장에(핍박과 환경, 교리 등으로 인한 갈등) 있는 교회와 성도들에게 무너지지 않는 담을 제공하고 있으며, 건강한 길을 제시하는 멘토링을 이루고 있다.

(3) 칭찬을 통해 자긍심을 불러일으키는 목자의 멘토링

순교 신학을 이끌어갔던 이그나티우스의 멘토링에 나타나는 특징 가운데 하나는 '칭찬'을 통해 자긍심을 가지게 만드는 지도 방식이다. 순교 현장을 향하던 도중에도 그의 관심은 오직 '교회'와 '성도'였다. 이

런 이그나티우스의 목양은 주님의 가슴을 가진 목회였다. '다른 복음'
을 향해서는 칼 같은 진리로 대응하며 마치 전사와 같은 모습을 취한
다. 그러나 고난 앞에서는 인내하는 그리스도인의 모습을 강조한다. 그
는 로마 정부로부터 가해져 오는 고난과 갈등에 처한 교회와 성도들
을 그리스도의 가슴으로 품는다. 이때 영·육이 피폐해진 성도들을 일
으킬 때 그리스도의 진리에 따른 양식과 함께 칭찬으로 이들의 자긍심
을 회복시킨다.

> 나는 여러분이 책망할 것이 없고 시련 속에서도 변함없는 성품
> 을 가지고 있다는 것을 알고 있습니다. … 하나님과 예수 그리
> 스도의 뜻에 따라 그는(폴리비우스) 서머나에서 나에게 와서
> 예수 그리스도를 위해 갇힌 사람이 된 것에 대해 나를 진심으
> 로 축하하였으며, 그 안에서 여러분 전체의 회중을 나는 보았습
> 니다. 그때 나는 그를 통해 나에게 전달한 여러분의 경건한 선
> 의를 받아들였고, 내가 들은 바대로 여러분이 하나님을 따르고
> 있다는 것을 발견하고 감사드렸습니다.(Tral, 1:1-2)[73]

이그나티우스는 순교 당하기 위해 로마를 향하고 있는 자신의 모
습을 가리켜 "열 마리의 표범들에 의해 사슬에 매여 끌려가고 있다"라
고 말한다. 호위병들에 의해 로마로 끌려가는 그의 모습에는 잔인함과
고통이 함께하고 있다는 것을 이 표현은 짐작하게 한다.[74] 그러나 이런
과정에서도 그는 목자의 입장에 서서 교회와 성도들을 돌아본다. 그리

고 고난 속에 갈등하고 있는 교회와 성도들을 향해 위로와 격려가 섞인 칭찬을 아끼지 않는다. 「로마 인들에게」 보낸 서신에는 이런 모습이 더욱 분명하게 나타나고 있다. 로마 교인들을 향한 서신의 인사말을 보면 성도들을 향한 그의 목회적 돌봄은 칭찬을 통해 자긍심을 불러일으키고 있다.

> 여러분은 하나님의 자랑거리입니다. 여러분은 여러분의 명성을 누릴 자격이 있으며 축하를 받아야 합니다. 여러분은 칭찬받고 성공을 누릴 자격이 있으며 흠이 없는 특권을 가지고 있습니다. 그렇습니다. 여러분은 그리스도의 법에 충실하고 아버지의 이름으로 날인되었으며, 사랑 안에서 첫 번째 자리에 위치해 있습니다.(*Rom, Test*)[75]

칭찬을 통해 자긍심을 불러일으키는 이그나티우스의 멘토링은 특정한 교회를 향한 것이 아니었다. 비록 어떤 일정한 교회의 이름이 지목되어 있을지라도 그것은 그 교회만의 내용이 아니었다. H. R. 드롭너(H.R. Drobner, 1955-현재)에 의하면 당시 공개적인 서신은 모두가 함께 회람하는 특징을 가지고 있었다.[76] 이런 사실은 폴리갑이 빌립보 교인들에게 보낸 서신에도 나타난다. "우리는 여러분들이 요청한 대로 이그나티우스가 우리에게 보낸 편지와 우리가 가지고 있는 다른 편지를 보내드립니다. 이 서신에 이것들을 동봉합니다."[77] 칭찬을 통해 자긍심을 불러일으키는 이그나티우스의 멘토링은 한 교회를 통해 다른 교회도 이와 같은 모습으로 세워지도록 이끌어가는 멘토링이었다.

「서머나 인들에게」 보낸 서신에 보면 "여러분은 믿음과 사랑이 넘치고 은사에도 부족함이 없습니다. 여러분은 하나님에게 굉장한 자랑거리이며, 참된 성인들입니다"[78]라며 칭찬과 함께 소망과 희망의 메시지를 전해준다. 서신의 내용은 고난으로 인해 영육이 갈등에 사로잡혀 있는 교회와 성도들을 칭찬하며 자긍심을 불어넣고 있는 장면이다. 이런 이그나티우스의 목자적 멘토링 속에는 교회와 성도들을 향한 주님의 간절한 마음이 함께 전달되고 있다.

칭찬하며 인정하는 이그나티우스의 멘토링은 성도들의 신앙이 그리스도를 향해 더욱 힘 있게 일어서도록 만들어간다. 이런 그의 목자적 멘토링은 신앙 가운데 일어나는 고난을 더 이상 두려워하지 않도록 인도한다. 고난 가운데 나타나는 갈등을 자긍심으로 바꾸며 건강한 교회와 건강한 성도를 세우는 등 영적 건강을 회복시켜 나간다. 그리고 그리스도인으로서 당면한 문제 앞에 담대하게 서도록 멘토링 한다.

4. 이그나티우스의 멘토링이 만들어낸 효과

(1) 그리스도 중심으로 일치와 연합을 이루어 흔들리지 않는 신앙의 중심을 만들어낸다

이그나티우스는 분파주의를 이끌고 그릇된 교리를 가르치는 자들을 가리켜 '가면을 쓴 이리', '나쁜 목초지'라고 표현한다. 반면 회개하고, 교회의 연합에 참여하는 사람들을 가리켜 '하나님께 속한 자들'이라 칭한다. 그는 신앙의 중심을 그려낼 때 성도들로 하여금 '그리스도의 방식으로' 살아가게 될 것을 확신하도록 지도한다. 그리고 '그리스도가 중심'에 세워진 성찬의 준수를 통해 이단과 구별되는 교리를 이끌어낸다. 교회에서 세워진 '한 명의 감독'으로 인한 성찬의 집행을 통해 '그리스도 안에서' 하나의 연합을 이루게 한다.[79] 팀 켈러(Timothy Keller, 1950-현재)에 의하면 반목과 갈등의 문제는 필시 신앙과 연결된다. '거짓 신'의 문제로 인한 내적 갈등은 다른 사람들을 억압하는 외적 갈등으로 그 모습이 발전한다.[80]

그리스도라는 신앙의 형틀 안에서 하나의 중심을 그려내고 성도와 교회를 일치와 연합으로 이끌어내는 이그나티우스의 멘토링은 성소에 놓여진 두 가지 성전 기구를 연상하게 한다. 하나는 '등잔대'다.(참고, 출 25:31~35) '순금 덩이' 하나로 등잔 일곱이 떨어지지 않고 연결되어 연합을 이룬다. 또 다른 하나는 '떡상(진설병상)'이다.(참고, 출 25:23~30) '떡상'에는 '턱'이 있다. 이스라엘 열두 지파를 상징하는 '열두 진설병'이 땅에 떨어지지 않도록 '떡상'의 사면에 '턱'이 보호의 역할을 한다. 단순하게 보이는 '턱'이지만 '상'과 연결되어 연합을 이루어 '진설병'이 땅에 떨어지지 않도록 도움의 역할을 한다. '순금 덩이'와 같이 하나의 줄기를 이루는 일치와 연합의 신앙이 있는가 하면, '떡상'과 '떡상의 턱'이 보여주고 있는 것처럼 서로가 연합을 이루고 일치를 이루어 최종적으로 중요한 역할을 하게 한다.

「서머나 인들에게」 보낸 서신에서 "그리스도가 고난을 겪으신 것은 우리를 구원하기 위해서"[81]라고 사실을 밝힌다. 이런 참된 생명이신 예수 그리스도의 이름 안에 있어야만 그분의 수난을 함께 나누게 되고, 그분으로부터 우리는 능력을 얻게 된다.[82] 토마스 보스톤(Thomas Boston, 1676-1732)은 '인간의 본성'을 다루면서 "인간의 갈등적 구조는 인간이 가지고 있는 본성의 부패함을 숨기기 위함이고, 그리스도 안에 있는 하나님의 은혜를 숨기는 측면에서의 발단이다"[83]라고 말한다. 신앙의 중심에 그리스도가 세워져야 하는 이유를 단편적으로 설명하고 있다.

이그나티우스는 그리스도가 중심에 세워지는 신앙을 다루면서 단순히 그분께 속한 것만을 지도하지 않는다. 그의 멘토링은 그리스도 중심에 세워진 신앙이 어떤 열매를 맺게 되는지 알게 한다. 그리스도 중심에 세워진 일치와 연합의 신앙은 그분이 성취하신 것의 유익을 함께 얻게 된다. 그는 갈등의 구조를 신앙으로 이기도록 한다. 이때 그리스도 중심의 신앙은 그 갈등의 구조를 이겨내도록 능력이 함께 주어진다는 것을 확신하도록 멘토링 한다. 폴리갑은 이런 멘토링이 담긴 이그나티우스의 서신이 어떤 영향력을 끼쳤는지 여기에 대해 직접 증언하고 있다.

우리는 여러분들이 요청한 대로 이그나티우스가 우리에게 보낸 편지와 우리가 가지고 있는 다른 편지를 보내드립니다. 이 서신에 이것들을 동봉합니다. 여러분은 그 서신들로부터 큰 유익을 얻을 수 있을 것입니다. 그 서신들은 신앙과 인내, 그리고 주님과 관련된 모든 교회들과의 관계를 가지고 있기 때문입니다.[84]

폴리갑의 증언에서도 밝혀졌듯이 그리스도를 신앙의 중심에 두도록 하는 이그나티우스의 멘토링은 교회와 성도들을 시냇가의 뿌리 깊은 나무와 같이 흔들리지 않는 신앙으로 만들어간다. 그의 멘토링은 성전의 '등잔대'처럼 교회와 성도들을 그리스도와 묶어가는 일치와 연합을 이끌어내는 효력을 발한다. 성전의 '떡상'처럼 '상'과 '턱'의 역할을 통해 서로를 연결시켜 하나님께 드려지는 '떡상'이 되게 한다. 그리고 그 위에 올려진 흔들리지 않는 신앙의 '진설병'이 되게 한다.

(2) 서로를 돌아보며 하나님의 사랑 안에 머물게 한다

이그나티우스의 멘토링이 가지는 효과는 진리를 깨닫게 하는 것에 멈추지 않는다. 서로를 돌아보게 하고 하나님의 사랑 안에 함께 머물게 한다.[85] 「서머나 인들에게」 보낸 서신에서 '보편 교회(καθολικὴ ἐκκλησία)'라는 단어를 사용하면서 성도들로 하여금 신앙으로 서로를 돌아보게 한다. 그리고 공동체를 하나님의 사랑 안에서 하나가 되어 머물도록 멘토링 하고 있다. 그의 견해에 따르면 "예수 그리스도께서 계신 곳에 '보편 교회'가 있다."[86] '보편'을 통해 통일된 하나의 획일점을 구하고 있다. 여기에는 신앙과 삶이 연결될 뿐만 아니라 서로를 흔들리지 않도록 묶어주며 하나님의 사랑 안에 머물게 하는 작용이 있다.

서로를 돌아보게 하고 하나님의 사랑 안에 머물게 하는 이그나티우스의 멘토링은 '보편 교회'에서 멈추지 않는다. '한마음' 안에서 서로를 돌아보며 하나님의 사랑 안에 머물게 한다. '한마음'은 감정적인 요소로 말미암는 것이 아니다. 일치된 교리, 그리스도인의 참된 가치관, 그리고 사도의 표상이 만들어내는 결론이다.[87] 파벌을 짓는 것은 '다른 마음'으로부터 출발한다. "분파와 나쁜 감정이 있는 곳은 하나님이 계실 자리가 아닙니다."[88] 이그나티우스의 멘토링이 이끌어내는 '한마음'은 파벌이나 분파가 아니라 서로를 돌아보게 하고 '한마음'으로 하나님의 사랑 안에 머무는 기쁨을 알게 한다.

> 그러므로 이 세상 군주의 사악한 속임수와 올무를 피하십시오.
> 그의 제안들이 당신을 지치게 하고 당신의 사랑이 흔들리지 않
> 도록 하십시오. 오히려 한마음으로 여러분 모두 함께 모이십시
> 오.(*Phil*, 6:2)[89]

이그나티우스의 멘토링은 서로를 응원하는 '한마음'을 가지게 한다. 십자가의 참된 가치관과 함께하는 그리스도인의 참된 가치관을 깨달았을 때 로마 교인들을 비롯한 성도들은 제자의 열정에 '한마음'이 된다. 리차드슨은 이그나티우스가 「로마 인들에게」 보낸 서신을 편집하면서

"누구도 이 서신이 가진 강렬한 진심이나 주님과 함께 고난을 받고자 하는 제자의 용감한 열정을 놓치지 않을 것이다"[90]라고 피력한 바 있다. 서로를 돌아본다는 것은 공통점이 있어야 가능하다. '보편 교회'와 '한마음'을 이끌어낼 때 그의 멘토링은 사도들의 표상을 넘어 그리스도를 비춰봄으로써 서로를 돌아보는 것을 가능하게 한다. 그리고 서로를 돌아보면서 하나님의 사랑 안에 머물게 하는 것을 가능하게 한다.

(3) 갈등과 위기의 구조 속에서도 소망과 희망을 바라보게 한다

이그나티우스는 교회와 성도들에게 임하는 갈등의 구조를 세 가지 관점에서 파악하고 있다. 첫 번째는 이단과 관련된 문제로써 교리로부터 그 문제는 불거진다. 두 번째는 로마 정부로부터 가해져 오는 핍박으로 말미암는다. 세 번째는 그리스도인의 신앙과 관련된 갈등이다.[91] 갈등에 따른 구조적 분석이 분명했던 이그나티우스의 멘토링은 문제에 대해 짧고도 명확한 해법을 제시한다. '일치'와 '연합' 그리고 '보편'과 '한마음'을 가지도록 이끌어갈 때 그의 주제는 '그리스도 안에서' 그 길을 찾았고, 제시한다.[92] 이런 모습은 '사도의 표상'을 제시할 때도, 십자가를 넘어 자긍심을 불러일으키는 그의 목자적 멘토링에도 동일했다. '그리스도'라는 분명한 획일점을 통해 간략하면서도 강렬함의 메시지를 전한다. 이런 구조 속에서 그의 멘토링은 갈등을 넘어 소망과 희망을 바라보게 한다. 「트랄레스 인들에게」 보낸 서신의 서문에도 이런 모습이 그대로 드러나고 있다. "그리스도의 수난으로 인해 평안을 누리고, 우리가 그분과 연합하여 다시 살아날 것"[93]이라며 소망과 희망을 되새긴다.

'십자가'의 일반적 형틀은 저주와 죽음의 고통을 동반한 무너짐을 제시한다. 반면 '그리스도의 십자가'는 갈등을 이겨내는 근본이 되고, 동력이 된다.[94] 따라서 이그나티우스의 멘토링에는 십자가를 지신 제사장 직분으로서 아버지의 뜻을 따르는 그리스도가 부각된다.[95] 「로마 인들에게」 보낸 서신에 보면 "나는 하나님의 밀이니 야수들의 이빨에 갈려져 그리스도를 위한 순수한 떡 덩어리가 될 것입니다."[96]라는 사실을 강조한다. 그리스도가 지신 십자가로 이루신 것이 자신에게 효력으로 나타나며, 그것이 '부활'이라는 것을 알게 한다. 죄악된 소망은 바라는 것들의 실상이 아니라 대항해야 할 대상이다.[97] 반면 그리스도의 십자가를 통한 진리는 믿음 안에서 영생의 소망과 희망을 바라보게 한다.

아우구스티누스가 『그리스도교 교양』에서 남긴 말처럼 "우리의 모든 선은 하나님으로부터 온다."[98] 성부의 일하심은 성자를 통해 이루심이다. 예수님께서 빌립을 향해 "나를 본 자는 아버지를 보았다"(요 14:9)라고 말씀하셨다. 하나님의 선하심을 이루는 것은 '그리스도로 말미암아'라는 제1의 원리가 작용된다.[99] 그리스도를 향한 신앙은 갈등과 당하는 위기 앞에서 오히려 소망과 희망을 보게 한다. 이런 측면에서 이그나티우스의 멘토링은 죽음이라는 갈등적 구조 속에서 그리스도를 통해 부활의 참된 소망과 희망을 바라보게 하는 효력을 낳는다.

5. 이그나티우스의 멘토링이 주는 유익

이그나티우스는 순교 당하기 위해 로마로 압송되는 도중 「에베소인들에게」에서부터 「폴리갑에게」 이르기까지 일곱 편의 서신을 기록한다. 서신의 내용은 간결하면서도 분명한 메시지를 담고 있다. 고난과 핍박 그리고 이단으로 말미암은 위기적 갈등 구조 속에서 그의 서신은 크게 세 가지 측면에 구조를 형성하면서 교회와 성도들을 멘토링 한다. 첫 번째는 그리스도인의 가치관을 가지도록 멘토링 한다. 그리스도인으로서 가치관을 회복시키며 갈등이라는 구조에서 벗어나게 하고, 이겨나가게 한다. 두 번째는 사고의 구조적 전환을 일으키도록 멘토링 한다. 이를 통해 신앙의 열렬함을 이끌어낸다. 세 번째는 목자적 멘토링으로 교회와 성도들을 이끌어간다. 이런 멘토링이 효력을 발하는 중심에는 '그리스도의 십자가'가 있었다. 특히 위기와 갈등을 신앙으로 승화시켜가는 그의 멘토링은 악한 것을 통해서도 그 뜻을 이루시는 하나님의 주관하심에 대한 확신을 보게 한다.

이그나티우스 멘토링이 뛰어난 것은 위기에 따른 갈등을 해결하기 위해 그 사건 안에 함몰되는 방식을 취하지 않는다는 점이다. 오히려 그 사건을 신앙관으로 바라보게 하고, 신앙으로 이끌어내는 방식을 취한다는 점이다. 그리고 자신이 그 신앙의 정점에 있다는 것을 보여줌으로써(증인) 그의 멘토링은 주장이 아니라 인격적인 모습을 가미하게 된다. 특히 갈등의 위기 속에서도 '그리스도 안에서' 소망과 희망을 바라보게 하는 그의 멘토링은 용기와 격려를 넘어 그리스도를 갈망하는 자리로 성도들을 이끌어가기에 충분했다. 이런 이그나티우스의 멘토링은 현재 당면해 있는 위기의 시대 앞에 한편의 답을 준다.

첫 번째는 그리스도인의 참된 가치관을 일깨우며 신앙의 정체성을 찾도록 한다. 지속되는 코로나 이후 우리 앞에 나타난 가장 큰 당면의 문제는 신앙의 무너짐이다. 그리스도인의 정체성을 잃어버린 가운데 한편의 시청으로 끝나버리는 인터넷을 통한 예배가 위기의 코로나 이후를 더욱 걱정스럽게 만든다. 그러나 그리스도를 닮은 그리스도인을 양육해 내는 이그나티우스의 멘토링은 혼란 가운데 자칫 잃어버릴 수 있는 신앙의 정체성을 동여매게 만든다.

두 번째는 사고에 대한 의식의 전환이다. 이그나티우스의 멘토링에서 떠나지 않는 강조점 가운데 하나는 '그리스도론'의 바른 교리적 가르침이다. 그리고 '동기부여'다. 바른 교리적 가르침은 영적으로 침체되어 있는 성도들을 일깨우는 사역이 된다. 시스템과 제도적 강화 또는 이해와 설득이 아니라 바른 교리적 가르침을 통해 영적으로 성도들을 깨우는 그의 멘토링은 갈등을 신앙으로 승화시키는 일에 있어서 중요한 해결의 열쇠로 작용했던 것을 볼 수 있다. 그리고 '동기부여'에 대한 그의 멘토링은 성도들을 인격적으로 이끌어가는 모습을 취한다.

세 번째는 교회 간 일치와 연합을 이루도록 한다. 이그나티우스는 그 당시 서신이 가지는 회람의 특징을 살린다. 한 교회의 칭찬을 통해 시기와 질투를 만들어내는 것이 아니라 다른 교회로 하여금 본이 되고,

격려가 되도록 멘토링 한다. 교회 간의 경쟁이 아니라 그리스도가 머리가 되고, 지교회가 지체를 이루는 '한 몸'과 같은 개념 안에서 서로를 돌아보게 한다. 위기의 코로나 이후 각개 전투 방식이 아니라 연합하는 교회의 모습을 이루어 이 시대를 극복해나가야 한다. 지역을 중심으로 연합과 연대를 취하는 방식이 있는가 하면, 서로의 필요를 채워주는 섬김과 나눔의 사역(공동사업)을 통해 일치와 연합을 이뤄가는 방식이 필요하다.

이그나티우스 멘토링의 뛰어난 점은 위기로 말미암은 갈등의 문제를 신앙으로 승화시켜 그 문제를 해결하고 있다는 점이다. 그의 멘토링은 시대적 접근법을 넘어서고 있다. 특히 근원적이고, 원천적인 문제 해결에 대한 멘토링은 영적으로 위기 가운데 놓여 있는 우리에게 답을 주고 있다. 지금 우리는 사회적 혼란과 이단 그리고 각종 위기라는 다양한 갈등에 사로잡혀 있다. 이 문제 앞에 우리는 이그나티우스의 멘토링을 다시 한 번 조명해 볼 필요를 느끼게 된다.

부흥의 계절

- 초대교회 성장 이야기, 사랑의 공동체 -

EARLY CHURCH

부흥의 계절

- 초대교회 성장 이야기, 사랑의 공동체 -

배정훈 교수 (고신대학교 신학과, 교회사)

한국교회 위기와 잊혀진 초대교회 성장 이야기

코로나 이후 한국교회 위기가 한층 더 커진 것 같다. 기독교 윤리 실천위원회의 조사에 따르면 교회에 대한 한국 사회의 신뢰도가 2020년 32%에서 2021년 21%로 떨어졌다. 이미 70% 이상이 교회를 부정적으로 본다는 것도 충격인데 그 비율이 10% 더 늘어났다. 이 수치대로라면 성도들을 제외하고는 아무도 교회를 신뢰하지 않는다는 의미이다. 2021년 1월 말에 실천신학대학원 정재영 교수가 코로나 시대의 기독 청년들의 인식에 대해 발표했다. 현재 20%의 청년들이 신앙은 있지만 교회는 다니지 않는 가나안 교인인데 그 비율이 10년 안에 2배로 증가한다고 한다. 사회 전반적으로 반기독교적인 정서가 강하고 청년들이 신앙을 버리는 탈 기독교화 현상이 가속되고 있다. 또한 해마다 목회자 후보자의 수가 급감하고 있다. 과연 20-30년 후 얼마나 많은 교회가 남아있을까 심히 걱정스러운 상황이다. 이러한 위기 속에서 우리는 어디로 가야 하는가? 어떻게 대처할 수 있을까?

지난 몇 년간 이에 관한 많은 연구가 이루어졌다.[1] 하지만 이 가운데서 초대교회를 탐구하는 시도는 거의 없는 것 같다. 초대 교회사는 대략 주후 1-6세기의 교회의 역사를 말한다.[2] 안타깝게도 오늘날 우리는 초대교회에 거의 관심이 없다. 이는 우리가 종교개혁의 후예인 점을 고려하면 매우 아이러니한 일이다. 왜냐하면 종교 개혁가들은 중세 후기 무너져가는 교회를 개혁하기 위한 근원적인 힘이 초대교회에 있다고 보았기 때문이다.

종교개혁기의 구호는 '아드 폰테스'(*ad fontes*)로 이는 '근원으로 돌아가자'라는 의미이다. 여기서 근원은 기초, 근원 혹은 샘을 뜻하는 라틴어 *fons*의 복수이다. 개혁가들은 두 근원을 찾았는데 하나는 성경이며 다른 하나는 초대교회, 즉 교부들이다. 종교 개혁기에도 그랬듯이 초대교회는 오늘날의 교회를 새롭게 만들 수 있는 중요한 자원이다. 특히 초대교회는 현재 한국교회와는 달리 놀랍게 성장했다. 여기서 필자는 초대교회의 성장사를 되짚어 봄으로 생명의 샘물을 다시 퍼 올리고자 한다. 성공회 신학자 로완 윌리암스(Rowan Williams)가 지적한 것처럼 교회사는 지난 역사에 대한 객관적인 사실을 전달할 뿐만 아니라 이후의 문제를 예견하고 교훈점을 제공한다.[3]

이 글은 1세기부터 4세기까지, 초대교회가 형성된 주후 40년부터 313년 콘스탄틴(Constantine the Great, 306-337) 황제의 기독교 공인까지의 기독교 성장(Rise of Christianity)을 살펴본다. 이 270여 년간의 역사는 상당히 흥미롭고 이해할 수 없는 면들이 많다. 갈릴리의 시골에서 시작된 조그만 민족종교가 숱한 고난 속에서도 성장하여 313년에는 콘스탄틴 황제에 의해 공인되었고 381년에 로마제국의 국교가 되는 승리를 이루었다. 어떻게 이런 일이 가능했을까? 이 과정에서 가장 핵심적인 요소는 무엇이었는가? 이러한 역사가 우리에게 주는 교훈은 무엇인가?

초대교회 성장사는 오랫동안 학자들의 주목을 끌었다. 1770년대부터 시작된 이 연구의 대표적인 학자는 에드워드 기번(Edward Gibbon), 아돌프 폰 하르낙(Adolf von Harnack), 램지 맥뮬런(Ramsay MacMullen), 로드니 스타크(Rodney Stark), 앨런 크라이더(Alan Kreider) 등이 있다.[4] 여기서는 학계의 연구 결과들을 비평적으로 요약하면서 지금까지 간과되었지만 초대교회 성장의 결정적인 역할을 한 사랑의 실천을 부각시킬 것이다. 먼저 초대교회의 부흥을 수치화시켜 제시할 것이다. 그 후 초대교회 성장의 걸림돌을 다양하게 분석하여 교회의 성장이 얼마나 힘든 환경 속에서 이루어진 것인지 보여줄 것이다. 다음으로 교회가 이러한 큰 위기를 어떻게 헤쳐 나갔는지를 설명하면서 성장의 요인을 살펴보려고 한다. 마지막으로 연구를 정리하고 적용점들을 제시할 것이다.

1. 초대교회는 얼마나 성장했을까? 성장의 수치화

초대교회가 사실상 얼마나 성장했는지 정확하게 파악하는 작업은 상당히 어렵다. 왜냐하면 교인 수에 대한 데이터가 거의 남아있지 않기 때문이다. 하지만 고대의 기록들은 공통적으로 초대교회가 성장하고 있었다고 기록한다. 베드로와 요한의 설교로 3,000명, 5,000명의 개종자가 생겼다(행 2:41; 4:4). 2세기의 『디오그네투스에게 보낸 편지』에 따르면 그리스도인들은 박해 속에서도 계속 증가했다.[5] 3세기의 오리겐(Origen, c.185-c.254)은 복음이 로마제국을 넘어 전 세계에 전파되었다고 감격스러워했다.[6]

이교의 작가들도 동일한 현상을 이야기한다. 네로 황제 시대의 로마 대 화재를 언급하면서 타키투스(Cornelius Tacitus, c.55-117)는 주후 64년 로마에 상당한 수의 기독교인들(an immense multitude)이 있었다고 증언한다.[7] 111년경 비두니아의 총독 플리니(Pliny the Younger)는 기독교인의 문제를 처리하기 위한 조언을 듣기 위해 로마 황제 트라얀(Trajan, 98-117)에게 편지를 보냈다. 이 편지는 비두니아 지역의 도시뿐만 아니라 시골에 이르기까지 기독교가 전파되었는데, 남녀노소를 불문하고 많은 회심자가 생겨 신전에 제사가 사라지고 제사용 짐승들을 위한 사료 판매도 없어졌다고 토로한다.[8] 물론 지역마다 차이가 있지만 기독교는 4세기까지 서쪽으로는 이스라엘, 시리아, 갈라디아, 아시아, 유럽과 로마, 남쪽으로는 이집트와 북아프리카, 동쪽으로는 메소포타미아와 페르시아까지 확장되었다.[9]

스타크는 1996년 『기독교의 발흥: 사회과학자의 시선으로 탐색한 초기 기독교 성장의 요인』(The Rise of Christianity: A Sociologist Reconsiders History)을 출판하여 학계에 뜨거운 논쟁을 일으켰다. 그의 가장 큰 공헌 중의 하나는 사회학적인 방법을 도입하여 4세기까지의 기독교 성장의 가정치를 수치화 시켰다는 점이다. 학자들은 313년 밀라노 칙령(Edict of Milan) 직전 신자들의 수가 제국 전체 인구의 8-12퍼센트, 즉 5백 만에서 6백 만으로 추측했을 뿐 그사이의 신자 수는 계산하지 못했다.[10] 스타크는 주후 40년의 기독교인을 1천 명으로, 300년경에는 5백 만에서 750만 명으로 추정하여 매 10년마다 40%씩의 성장(연 3.42%)을 제안했다. 그는 기독교가 폭발적으로 성장한 게 아니라 260여 년간 꾸준히, 점진적으로 성장했다고 주장한다.

성장에 있어서 집단 개종보다는 가족, 친구와 같은 애착 관계의 사회적 네트워크가 주요한 역할을 했다고 보았다. 스타크는 초대교회 역사가 유세비우스(Eusebius of Caesarea, c.263-c.339)나 다른 학자들을 반박하면서 콘스탄틴의 회심이 교인의 폭발적인 성장을 가져온 것이 아니라 오히려 그 시대에 교회가 상당한 세력을 이루었기에 콘스탄틴이 기독교를 수용했다는 발상의 전환을 요구한다. 기독교 공인에 정치적인 고려가 개입되었다는 것이다. 스타크는 350년까지의 신자의 수를 다음과 같이 제시한다.[11]

연도	기독교인 수(명)	인구 가운데 비율 (퍼센트)
40	1,000	0.0017
50	1,400	0.0023
100	7,530	0.0126
150	40,496	0.07
200	217,795	0.36
250	1,171,356	1.9
300	6,299,832	10.5
350	33,882,008	56.5

2. 상황: 초대교회의 연이은 위기

(1) 종교적 상황: 기울어진 운동장

초대교회는 어떤 환경 속에서 성장했을까? 초대교회는 상당한 역경을 겪었다. 교회의 역사를 돌아보면 신앙에는 항상 고난이 있음을 알수 있다. 우선 로마제국은 다신교 국가였다. 주후 175년까지 로마제국은 계속 영토를 확장했는데 종교정책에 있어서 관용적이었다. 로마는 제국에 해가 되지 않고 비도덕적이지 않다면 어떤 종교에도 관용을 베풀었다. 아마도 정복 과정에서 불필요한 갈등과 적대감을 줄이기 위한 전략이었던 것 같다. 제국의 확장으로 인해 이주자들이 많아졌다. 그들은 가는 곳마다 자신들의 고유한 신을 가지고 갔다. 수 세기 동안 민족들과 종교들이 혼합되어 로마는 점차 다 종교적 사회가 되었다. 그 결과 국가 종교, 가정 종교, 사적 종교, 신비 종교, 점성술, 신탁, 마법과 같은 온갖 종류의 종교가 난립했다. 종교들이 생성되었다고 없어지는 일이 흔했기 때문에 큰 관심거리가 아니었던 것 같다.[12]

로마 세계는 그야말로 '신들로 가득한 세계'이며 '신들의 뷔페식당'이 차려졌었다. 예를 들면 오늘날 이탈리아 북부 알프스산맥 아래에 위치한 발디논(Val di Non)이라는 작은 마을에서 각기 다른 신들에게 헌정된 비문 13개가 발견되었다. 다음은 그 신들의 이름이다: 유피테르, 미네르바, 아폴로, 사투르누스, 메르쿠리우스, 마르스, 베누스, 디아나, 루나, 헤라클레스, 미트라, 이시스, 두카바비우스. 오늘날 터키에 위치한 니코메디아에는 무려 46여 명의 신들이 있었다. 이러한 상황에서 기독교와 같은 신생 종교가 자리를 잡기란 힘들었을 것이다. 이미 수백 년이나 지속된 기존 그리스-로마의 이교가 주도권을 가지고 있는 상황에서 교회는 그 틈바구니를 파고 들어가야 했다.[13]

로마인들은 한 신을 섬기고 있으면서 다른 신을 선택하는 데 큰 어려움이 없었다. 자신의 상황과 기호에 맞는 신에게 찾아가 도움을 구했다. 항해를 떠나는 이들은 안전한 항해를 위해 포세이돈 같은 해신에게 기원하고, 병의 치료를 위해서는 아스클레피오스 신전에 찾아갔다. 애정 문제로 어려움을 겪는다면 아프로디테에게 호소하고, 같은 조합원이 숭배하는 길드의 신을 예배했다. 하지만 유일신을 믿는 그리스도인들에게 이는 불가능한 일이었다. 그들은 하나님 이외의 모든 우상을 배격했다. 이는 당시에 비정상적이며 반사회적이며 심할 경우 불경스럽게 여겨졌다. 또한 종교가 가정과 사회의 거의 모든 분야와 관련되어 있었기 때문에 이교에 대한 거부는 관계에 단절을 불러오고 갈등과 적대감, 반감 등에 직면해야 했을 것이다. 실제로 기독교는 황제숭배와 전통 신과 같은 국가종교를 인정하지 않았기 때문에 313년 공인 이전까지 불법 종교(*religio illicita*)였다. 로마는 어떤 종교단체가 국가 제의를 받아들이면 합법적인 종교(*religio licita*)로 인정하고 법으로 보호하였지만 그렇지 않은 경우는 박해했다.[14]

(2) 예수와 사도는 잘못됐다! - 시작부터 흔들리는 교회

이런 기울어진 운동장과 같은 열악한 상태에서 교회는 내부적으로 여러 이단의 공격을 받아야만 했다. 자리를 잡을 시간도 없이 교회는 생존 자체를 걱정해야 하는 고난에 처했다. 이단(heresy)은 헬라어 하이레시스(αἵρεσις)에서 파생한 단어로 헬레니즘 시대에는 중성적인 의미에서 '선택' 혹은 '철학 학파'를 의미했다. 이후 유대교를 거쳐 기독교에서는 정통 교리와 실천에서 벗어난 무리를 지칭하는 부정적인 의미로 사용되었다.[15] 기독교는 생성 초기부터 이단들이 등장했지만, 결과적으로 교회가 자기 정체성, 즉 정통성을 확립하는 발판이 되었다. 아이러니하게도 이단이 정통 기독교 형성에 큰 역할을 한 것이다.[16]

374년경 살라미스의 에피파니우스(Epiphanius of Salamis, c. 310-403)가 저술한 『약상자』(panarion)에 따르면 그때까지 77개의 이단이 존재했다고 한다.[17] 기록되지 않은 다른 이단들도 더 있었을지도 모른다. 교회 초기 대표적인 이단은 3가지이다.[18] 첫째는 영지주의로 주후 약 50-250년 사이에 활동했다. 바울 서신과 요한 1서, 그리고 이그나티우스 서신들은 영지주의적 이단들이 교회 안에 침투했음을 알려준다. 1945년 이집트의 나그함마디(Nag Hammadi)에서 발견된 『도마 복음』과 『진리의 복음』과 같은 영지주의 문서들(51개)로 인해 이 사상체계를 좀 더 분명하게 알게 되었다. 일반적으로 영지주의는 인도, 바벨론, 페르시아 등 동양의 이원론 사상과 그리스 철학, 유대교의 필로와 기독교 사상이 결합된 혼합주의 체계이다. 대표적인 영지주의 교사들은 안디옥의 바실리데스(Basilides), 로마의 발렌티누스(Valentinus) 등이다.[19]

영지주의라는 용어는 "지식"을 의미하는 헬라어 그노시스(γνῶσις)에서 파생되었다. 영지주의자들은 그들이 세계와 인간에 대한 특별하고 비밀스러운 지식을 가지고 있다고 주장한다. 이는 그리스도를 통해 얻으며 이것이 구원이다.[20] 2세기 영지주의 교사 데오도투스(Theodotus)는 다음과 같이 말한다. "만일 우리가 지식(gnosis)를 가진다면 우리는 우리가 누구이며 우리가 어떤 존재가 되었는지 어디에 있었는지, ⋯ 어디로 향하고 있는지, 어디로부터 해방되어야 하는지, 출생은 무엇이며 재탄생은 무엇인지 알 수 있다."[21] 영지주의자들은 기독교에 심각한 위협을 주었다. 그들은 모든 물질을 악한 것으로 보았기 때문에 그리스도의 성육신을 부정했다. 그리스도는 진짜 몸처럼 보였거나 혹은 우리와 다른 몸이었다고 가르쳤다. 이것은 가현설(Docetism)로 '~처럼 보인다'는 헬라어 도케오(δοκέω)에서 유래되었다. 더 나아가 하나님의 창조, 성육신, 부활 등의 기독교의 핵심 교리들을 모두 부정했다. 실제 삶에서는 극단적인 금욕주의자가 되거나 아니면 극단적인 쾌락주의, 방종 주의자가 되었다.[22]

영지주의와 더불어 초대교회에 큰 어려움을 준 또 다른 이단은 마르시온(Marcion of Sinope, c.85-164)이다. 그는 85년경 터키의 흑해 해안에 위치한 본도의 해변 도시 시노페(Sinope)에서 태어났다. 히폴리투스(Hippolytus of Rome, c.170-235)는 그가 시노페의 감독의 아들이었다고 말한다. 140년경 로마로 건너간 마르시온은 처음에는 정통 기독교회에 속해 있었지만, 영지주의 사상을 접하게 되면서 구약성경의 하나님을 부정하는 시몬 마구스와 케르도의 제자가 되었다.[23]

마르시온은 『대립명제』(Antitheses)에서 구약의 하나님 여호와와 신약의 예수 그리스도의 아버지는 별개의 존재라고 주장한다. 구약의 여호와는 악한 신으로 이 세상과 사람을 만들었다. 여호와는 특별한 민족만 선택한 독선적인 신이며, 자기에게 불순종하는 자를 심판하는 신이다. 또한 율법주의적이다. 이와 다르게 신약의 신, 즉 기독교인들의 하나님인 성부 하나님은 은혜와 사랑이 많으시고 구원을 값없이 주신다. 이 사랑의 하나님이 인류를 구원하기 위해 아들을 보냈다. 하지만 예수는 마리아에게서 태어난 것이 아니라 티베리우스 황제 때 성인으로 등장했다.[24]

신론에 대한 마르시온의 개념은 그의 성경론에도 영향을 주었다. 구약의 하나님을 열등한 존재로 본 그는 히브리 경전들의 정경성을 부인했다. 신약 성경에서도 바울의 10개 서신과 누가복음만을 인정했다. 다른 복음서들은 유대적인 관점에 의해 오염되고 왜곡되었지만 누가는 바울의 동료였기 때문에 이러한 오류들에서 벗어났다고 생각했다. 하지만 누가복음에서도 유대적인 유산들, 즉 예수의 유대 족보와 예수의 부모가 모세의 법을 지키는 장면이 등장하는 예수의 유아기사 등은 삭제되었다. 심지어 바울 서신 안에서도 유대적인 요소는 제거했다. 결국 마르시온은 144년 로마교회로부터 출교되었다. 마르시온주의는 교회에 심각한 위협을 주었다. 그 이유는 영지주의자들처럼 창조, 성육신, 부활 등을 부정하면서도 그들과는 달리 감독들과 성경을 갖춘 교회를 조직했기 때문이다.[25]

마지막 이단은 몬타누스주의이다. 몬타니즘(Montanism)은 예언 활동과 관련이 있다. 이 이단의 창시자 몬타누스(Montanus)에 대한 정보는 많이 남아있지 않다. 출생지는 분명치 않고 소아시아의 프리기아(phrygia) 지방에서 활동한 것으로 알려져 있다. 그는 기독교로 개종하기 전 신비종교 키벨레 신전의 사제였다고 한다. 약 170년부터 그는 예언하기 시작했고 막시밀라(Maximilla)와 프리실라(Priscilla)라는 두 여자 예언자들이 가담했다.[26] 몬타누스주의의 가장 큰 특징은 새로운 계시를 주장한 것이다. 그는 황홀경 속에서 자신이 성령의 대변자, 심지어 요한복음 14장 25-26절이 말한 보혜사 자체라고 주장했다. 이 계시는 구약과 복음서의 말씀을 완전하게 만들며 예수 역시 자신의 계시를 전하기 위한 수금에 불과했다고 주장했다. 유세비우스의 기록에 따르면 몬타누스는 "영에 사로잡혀 황홀경에서 이상한 소리로 중얼거리며 지금까지 교회에서 통상적으로 해 온 것과는 다른 모양으로 예언했으며 두 여자를 세워 그들에게도 거짓 영을 부어 줌으로써 자기와 같이 열광적으로 지껄이게 했다."[27]

또한 몬타누스는 임박한 종말을 강조했다. 종말이 곧 도래할 것이라고 선언하며 프리기아의 작은 도시 페푸자(Pepouza)에 새 예루살렘이 세워질 것이라고 예언했다. 페푸자가 마지막 시대의 피난처가 될 것이라는 소문이 퍼지자 많은 사람이 몰려들었다. 사람들은 종말을 대비하기 위해 극단적인 금욕주의를 실천했다. 직업과 가족을 버리고 엄격한 금식과 금욕을 강조했고 결혼을 부정했다. 순교를 갈망하고 순교자들을 크게 존경했다. 이와 더불어 몬타누스는 기존 교회의 제도화와 교권화를 반대하며 감독과 교사는 교회나 사람에 의해 임명되는 것이 아니라 성령이 직접 맡기는 것이라고 주장했다.[28]

소아시아의 작은 도시에서 발생한 몬타누스주의는 여러 지역으로 전파되어 2세기 말에는 로마와 북아프리카까지 퍼졌다. 주교들은 공의회를 열어 새 계시 운동을 거부하고 그 추종자들을 정죄했다. 몬타누스와 여 선지자들이 죽은 후 페푸자에 묻혔고 그 무덤은 6세기 유스티니안(Justinian) 황제에 의해 파괴되기까지 이 그룹의 중심지가 되었다. 202년경 북아프리카 교부 터툴리안(Tertullian, c.160-220)이 안타깝게도 여기에 가담한 것으로 알려져 있다. 평소에 그는 제도화된 교회와 나태한 신앙을 강하게 비판했다. 생애 말기에 터툴리안은 몬타누스파에 실망하여 별도의 그룹을 만들게 되었다.[29]

(3) 박해: 생명의 위협과 공포

이단의 위협만 해도 힘든데 초대교회 신자들은 동시에 외부의 모진 박해도 견뎌야 했다.[30] 위협이 한꺼번에 닥친 것이다. 기독교는 형성 초기부터 박해를 피할 수 없었는데 박해의 주요 세력은 유대교와 로마 제국이다. 유대인들의 핍박도 극렬했지만, 로마 정부의 지도자들로 인한 고통은 훨씬 더 컸다. 최근에 캔디다 모스(Candida Moss)는 『박해의 신화: 어떻게 초대 그리스도인들이 순교 이야기를 꾸며내었을까?』(*The Myth of Persecution: How Early Christians Invented a Story of Martyrdom*)에서 초대교회의 박해는 생각보다 약했고, 많은 순교 이야기들이 과장되고 심지어 위조되었다는 도발적인 주장을 제시했다.[31] 하지만 아무리 박해가 약하다고 해도 실제로 느끼는 공포는 상당했을 것이다.

기독교 박해는 중단된 때도 있었지만 313년(동방은 323년까지)까지

지속되었다. 박해 시기는 250년 데시우스(Decius, 250-51) 황제를 기점으로 두 부분으로 나눌 수 있다. 250년 이전까지는 간헐적이고 부분적이었다면, 이후에는 좀 더 지속적이고 제국 전체에 걸쳐 조직적으로 발생했다.[32] 황제숭배나 전통 신 예배를 거부하면 신자들은 고문 받고 재산을 빼앗기고 귀양 가거나 최악의 경우는 사형당했다. 성경과 기독교 서적, 교회가 불태워지고 재산도 몰수당했다. 제한된 지면에 모든 사건을 다룰 수 없기 때문에 로마 박해의 대표적인 사건과 인물을 중심으로 초대 기독교의 박해 이야기를 서술할 것이다.

로마의 박해는 유대인들보다 훨씬 기독교의 존립에 위협을 가했다. 왜 로마는 기독교인들을 핍박했을까? 신약학자 래리 허타도(Larry W. Hurtado)는 3세기까지의 기독교에 대한 이교도들의 평가를 분석하여 그 당시 외부인들이 본 교회는 특이하고 기이했으며 어떤 면에서는 위험하고 혐오스러웠다고 이야기한다.[33] 이러한 이교도들의 적대감의 원인은 다양하다. 먼저 기독교인들이 하나님만이 참된 신이며 나머지 종교는 모두 거짓이라고 부정했기 때문이다. 로마는 기본적으로 다신교 국가여서 기본적으로 모든 종교를 인정했다. 하지만 초대 기독교인들은 로마의 전통 종교와 함께 황제숭배를 거부했는데 이는 반역에 해당하는 행위였다.[34] 황제를 예배하라는 명령을 거부하는 그리스도인들의 신앙은 통치자들을 분노하게 했다. 비티니아 총독 플리니는 그들을 권력에 굽힐 줄 모르는 완고한 집단으로 취급했다.[35] 로마의 모든 신을 인정하지 않는 기독교인들은 또한 '무신론자'로 취급되었다.

그 당시 종교는 모든 공적, 사적인 삶의 영역과 관련이 있었다. 신에 대한 충성은 곧 삶의 평화와 행복과 직결되었다. 이런 점에서 자연적 재해나 전쟁 등이 발생했을 때 기독교인들이 조상의 신들을 버린 결과를 받는 벌이라고 생각했다. 또한 기독교인들은 황제숭배로부터 자유로울 수 없다는 이유로 군인이나 공직을 거부했다. 연극이나 검투사의 혈투에도 참여할 수 없었다. 이러한 이유로 그리스도인들은 사회질서를 위협하는 반사회적인 집단으로 취급되었다.[36] 집단 혐오의 대상이 되었다.

로마의 기독교 박해는 네로 시대(Nero, 54-68)부터 시작되었다. 주후 64년 6월 18일 로마에 대화재가 발생했다. 키르쿠수 막시무스(Circus Maximus)에서 시작된 화재는 일주일간 지속되었고 도시의 14구역 중에서 10구역이 소실되었다. 화재의 원인을 둘러싸고 이상한 소문이 퍼지기 시작했다. 네로가 로마를 새롭게 만들려고 일부러 불을 질렀다는 것이다. 또한 그가 시적인 영감을 얻기 위해 화재가 발생했을 때 배우처럼 분장하고 궁정의 첨탑 위에서 칠현금을 연주하고 있었다는 것이다. 네로는 이러한 정치적 위기를 벗어나기 위한 방법을 모색하다가 화재를 면한 두 구역에 유대인들과 기독교인들이 많이 살았다는 점을 발견했다. 그는 그리스도인들에게 방화 혐의를 씌우고 탄압을 시작했다.[37] 로마의 역사가 타키투스가 115-117년경에 기록한 『연대기』는 네로가 방화의 혐의를 기독교인들에게 뒤집어씌웠다고 말한다. 그것이 가능했던 이유는 그들이 당시에 혐오를 받고 있던 집단이었기 때문이

다. 그들은 인류를 증오한다고 판단되었다.[38]

타키투스에 따르면 그리스도인들은 극형을 받았다. 당시 처벌은 매우 잔인했고 또한 잔인하게도 일종의 놀잇거리로 제공되었다. 털옷에 덮인 신자들을 개들이 찢어 죽이기도 했고 십자가형을 당하기도 했다. 어떤 사람들은 밤에 등불로 태워졌다. 네로는 사람들이 박해 장면을 보도록 자신의 정원을 개방하고 원형극장에서 쇼도 주관했다. 전차를 직접 몰기도 하고 전차병으로 위장하기도 했다. 온갖 조소들과 놀림이 그리스도인들에게 주어졌다. 하지만 네로 시대의 박해는 로마에 국한된 것 같다. 얼마나 많은 기독교인이 핍박받았는지는 확실하지 않지만, 상당수의 그리스도인이 처형당한 것 같다.[39] 베드로와 바울 역시 네로 시대에 순교를 당했다고 알려졌다. 주후 68년 네로의 죽음으로 박해는 중지되었고 기독교인들은 잠시 평화를 누렸다.

4세기 초에 '대 박해'(great persecution)로 불리는 마지막이자 가장 심한 박해가 일어났다. 이 박해는 디오클레티안(Diocletian, 284-305) 황제가 주도했다. 디오클레티안의 아내 프리스카와 딸 발레리아가 기독교인이었기 때문에 교회의 평화가 계속되리라고 예상했지만, 실상은 그와 반대였다. 황제는 전형적인 로마인으로 전통 종교를 기점으로 제국을 통일하려고 했다. 적의 침입으로 인한 동요와 위기를 극복하기 위한 불가피한 조치였다. 황제는 이를 거부하는 세력은 가차 없이 처단했고 기독교인들도 예외가 될 수 없었다. 298년 군대에서 그리스도인들을 쫓아내는 것으로 박해가 시작되었다. 몇몇 기독교인들이 입대를 거부하고 병역을 이탈했다는 이유로 처형되었다. 디오클레티안 칙령은 기독교인들을 군대에서 축출할 것만을 명했지만 일부 지역에서는 많은 사람이 처형당했다.[40]

디오클레티안의 '카이사르'(황제 계승자)였던 갈레리우스는 황제에게 더 강력한 조치를 요구했다. 303년 1차 칙령이 공포되어 기독교인들은 공직에서 해임되고 교회는 파괴되고 성경은 소각되었다. 처음에 이 칙령은 제대로 지켜지지 않았다. 그러나 황궁에 두 차례 화재가 발생했고 갈레이우스는 이를 황제의 명령에 불만을 품은 기독교인들의 소행으로 돌렸다. 이에 디오클레티안은 303년 여름에 2, 3차 칙령을 발표하여 황실을 섬기는 모든 기독교인과 사제들을 체포하여 신들에게 제사를 지낼 것을 엄명했다. 제국 전역의 교회와 기독교 서적이 불태워졌고 많은 기독교인이 처형당했다. 황제는 기독교인들이 반역을 꾀한다고 여겨 304년 봄 4차 칙령을 통해 기독교인 전체가 신들에게 제사를 지내야 한다고 공포했다. 이로 인해 교회는 엄청난 핍박과 박해를 당했다. 고문과 각종 다양한 방법의 처형이 시행되었다.[41]

(4) 집단혐오: 열등한, 무식한, 문란한 종교

이교도 지식인들은 기독교를 폄하하고 공격했다. 역사가 플리니우스(Pliny the Younger, 61-113, 111년), 타키투스(115년), 수에토니우스(Suetonius, 69-c.130, 122년) 등은 기독교를 대중들의 정신을 혼란하게 만드는 새로운 타락한 미신(*superstitio nove et prava*)으로 왜곡시켰다. 소피스트인 사모사타의 루시안(Lucians of Samosada)은 180년경에 저술한 『페레그리누스의 죽음』에서 이웃을 사랑하고 희생을 꺼리지 않는 그리스도인들을 조롱했다. 신플라톤주의 철학자 포르피리우스(Porphyrius) 역시 무려 15권의 책을 통해 기독교를 공격했다. 그는 구약과 신약은 서로 모순되고 예수는 거짓말쟁이라고 지적했고 사도들 사이에는 분쟁이 심했다고 기록했다.[42] 『참된 말씀』(178년)의 저자 켈수스(Celsus)는 기독교는 그리스 철학에 비해 훨씬 열등한 종교라고 비웃었다. 유대인이나 기독교인의 최고의 스승도 그리스 철학자들의 수준에 올라온 적이 없다. 원시적 수준의 기독교는 부녀자나 아이 혹은 노인들이나 꾀는 지적으로 한참 덜떨어진 열등한 종교라고 비판했다. 또한 기독교는 내적인 모순이 가득한 형편없는 종교적 체계였다.[43]

마지막으로 기독교를 둘러싼 악의적인 소문이 있었다. 남녀들의 모임, 거룩한 입맞춤 등은 근친상간 혹은 집단 성교로, 성찬식은 식인 의식으로 오해되었다.[44] 2세기의 유명한 수사학자이자 마르쿠스 아우렐리우스 황제의 스승이었던 프론토(Fronto, c.100-c.166)는 기독교를 매우 저급한 집단으로 묘사한다. 이는 기독교에 대한 당시 엘리트들의 인식을 어느 정도 반영한다.[45]

3. 튼튼한 기초: 믿음의 터

(1) 미션 임파서블(Mission Impossible): 성장이 정말 가능한 것인가?

위와 같은 사실만 놓고 본다면 기독교는 사라지는 게 당연해 보인다. 크라이더는 4세기까지의 교회 성장 비밀을 밝히는 책의 부제를 '기독교의 불가능한 성장'(the improbable rise of Christianity)라고 붙였다. 그는 당시 기독교가 처한 절대적으로 불리한 상황을 몇 가지로 정리했다. 첫째, 기독교인을 고발하고 처형하는 법과 사회 관습이 존재했다. 이때 세례교인이 된다는 것은 '죽음의 후보자'가 되는 것이었다. 둘째 예배는 매력적이지 않았고 모임뿐만 아니라 존재 자체가 혐오의 대상이었다. 셋째, 흥미롭게도 어떤 선교나 전도를 위한 전략이나 계획이 없었다. 크라이더는 4세기까지 전도에 대한 언급이 없다고 주장한다.[46]

켈트족의 종교 드루이교(druids)는 로마의 박해를 받고 곧 없어졌다.[47] 하지만 기독교는 달랐다. 없어지지 않고 신기하게도 성장했다. 터툴리안이 기독교인들의 수가 모든 도시의 대다수를 차지한다고 말할 정도였다.[48] 교회는 투박하고 부정적인 평가를 받았지만, 또 다른 한편으로는 이상하면서도 흥미롭고 매력적이었다.[49] 케빈 로우(C. Kavin Rowe)는 신자들이 당시 사람들에게 놀라움을 주었다고 한다.[50] 어떻게 불가능에 가까운 척박한 환경 속에서 이런 일이 가능했을까? 이는 단지 방법론의 문제가 아닌 신앙의 본질과 깊은 연관이 있다.

(2) 정경과 신조의 형성: 말씀의 힘

　이단의 공격 앞에서 교회는 권위 있는 성경의 목록을 만들기 시작했다. 이를 '정경화'(canonization)라고 부른다. 이단들은 그들만의 정경 목록을 만들어 교회를 공격했기 때문에 예수와 그의 제자들의 글 중에 어떤 것을 권위 있는 것으로 받아들일지에 대한 문제가 발생했다. 정경은 헬라어로 카논(κανών) 즉 '척도', '기준'을 의미한다. 이것이 정통과 이단과의 경계를 정하는 기준이라는 뜻이다.[51] 초기 기독교에는 우리가 아는 성경 외에도 여러 글이 있었다. 그중에서 우리의 신앙과 삶의 기준이 될 책들이 하나님의 말씀으로 선택되었다. 교회가 이를 결정했으나 하나님의 섭리 가운데 이루어졌다.

　우선 교회는 구약의 이스라엘 백성의 역사와 연결되므로 구약성경이 기독교 정경에 포함되었다. 신약 성경의 정경화는 보다 긴 시간이 걸렸다. 이는 몇 가지 원리가 있었다. 첫째는 사도의 저작 여부였다. 둘째는 정통 기독교의 가르침과의 일치가 중요한 기준으로 작용했다. 셋째는 교부와 교회의 승인이었다. 신약의 정경화 작업은 수 세기에 걸쳐 이루어지다가 4세기 후반에 27권으로 결정되었다: 사복음서, 사도행전, 21개의 서신, 요한의 묵시록. 367년 이집트의 주교들에게 보낸 아타나시우스(Athanasius, 295-373)의 편지에서 처음으로 27권의 완벽한 목록이 등장한다. 이 편지에는 또한 27권의 구약성경 목록이 나타난다. 히포 종교회의(393년)와 두 번의 카르타고 회의(397, 419년)에서 히포의 주교 어거스틴(Augustine of Hippo, 354-430)은 27권의 신약 정경을 다시 확증했다.[52]

초대교회에서 성경은 매우 중요했다. 고대 세계에서 기독교는 '책의 종교'로 불릴 만큼 기독교 문헌을 봉독하고, 쓰고, 필사하고 전파하는 활동을 두드러지게 했다. 그 중심에는 경전인 성경이 있었다.[53] 초대 기독교 사상을 연구한 로버트 루이스 윌켄(Robert L. Wilken)은 교부들이 성경의 세계에 살고 있었고, 성경이 그들의 생각과 사고를 지배하고 있었다고 주장했다.[54] 초대교회는 성경으로부터 모든 것에 대한 이야기를 제공했다. 세계와 인간의 창조에서부터 마지막까지의 거대한 대안적인 서사를 이야기했고 그 중심에는 하나님과 그의 아들 예수 그리스도를 통한 유일한 구원이 있다. 그를 통해 인류와 세계는 새로운 존재가 되었다는 것이다. 특히 이러한 절대적인 신이 가장 미천한 인간을 향해 태초부터 뜻이 있었고 그를 사랑하여 목숨을 버렸다는 가르침은 이교에는 없었다. 여기서 그리스도인(그리스도를 따르는 자들)이라는 독특한 정체성(identity)이 만들어졌다.[55]

초대교회 사상가들은 성경에 근거하여 신학을 형성했고, 당시 철학과 문화를 사용하면서도 기독교적으로 변혁했다. 학자들의 지적처럼 초대 기독교인들은 성경을 통해 대안적인 세계관을 제시하고 이에 따른 독특한 삶과 문화를 형성했다.[56] 이러한 기독교의 배타성은 존재의 핵심이 되었다. 스타크와 허타도와 같은 학자들은 공통적으로 기독교 공인 이후 이교가 허무할 만큼 쉽게 무너진 이유는 그것이 사제, 화려한 신전, 제의, 호화로운 축제와 외부적인 볼거리로만 구성되어 있었기 때문이라고 주장한다. 이 때문에 신에 대한 공경심이 떨어지고 고난이 있으면 쉽게 종교를 떠나버린다. 하지만 배타성은 충성과 헌신을 만든다.[57]

정경이 형성됨으로 정통과 이단의 구별이 가능해졌지만, 누구나 알기 쉽게 정통 신앙의 핵심을 좀 더 간략하게 만드는 작업이 필요했다. 이 과정에서 나온 것이 신조, 즉 교리이다. 신조(creed)는 라틴어 *credo*(크레도, 내가 믿습니다)에서 유래되었다. 지역마다 신조는 조금씩 다르다. 대표적인 것이 180년경에 작성된 것으로 추정되는 사도신경으로 '옛 로마 신경(Old Roman Creed)으로 불리기도 한다. 고대 교회에서 사도신경은 또한 "신앙의 상징(symbol of the faith)"으로 불렸다. 고대에서 상징(심볼룸, *symbolum*)은 장군이 자신의 사신에게 주는 표식으로 받는 사람은 이것으로 진정한 그의 사신이라는 점을 증명했다. 신조는 세례 때 지원자의 신앙을 확인하기 위해 사용되었기 때문에 세례 신조(baptismal creed)로도 불렸다. 신조는 삼위일체론적 구조이다. 하나님에 대한 고백을 시작으로 아들, 다음으로 성령과 종말에 관한 신앙을 선언했다. 신자들은 성부와 성자와 성령의 이름으로 세례를 받기에 삼위 하나님에 대한 신앙의 여부가 확인되었다.[58] 이처럼 교회는 성경과 교리교육을 통해 진리 가운데 굳게 서서 이단의 어떤 공격에도 흔들리지 않았다. 유일하신 하나님과 그의 아들 예수와 그의 십자가를 통한 구원을 알고 말씀이 주는 힘과 능력으로 산 것이다.

(3) 교회의 조직과 직분: 경계(Boundary)로서의 교회

　　외부의 위협을 이기기 위해서는 어떤 구심점이 필요했다. 직분의
정확한 형성 시기는 파악하기 힘들지만 2세기 중반이 되면 지역 교회
는 일반적으로 감독, 장로, 집사, 이렇게 삼중 구조로 자리 잡게 된다. 감
독(επισκοποι, 감독자)이 지교회의 지도자이며 장로들(πρεσβυτεροι)과 집
사들(διακονοι, 봉사자)이 감독의 사역을 돕는다(행 11:30; 빌 1:1; 벧전 2:25;
딤전 3:1-2; 4:14; 딛 1:7; 약 5:14; 디다케 15). 감독은 오늘날의 목사로 말씀
을 가르치고 성례를 집행한다. 장로는 감독을 도와 교회를 감독하고,
집사는 가난하고 소외된 사람들을 돌보는 일을 한다. 교회는 감독을 중
심으로 하나가 되어 굳건하게 되었다. 사도로부터 받은 신앙을 다음 세
대에 전수했다. 직분자들이 제 역할을 바르게 수행하지 못하면 교회는
무너질 수밖에 없다.[59] 당시 교회가 번성할 수 있었던 것은 사회, 조직
적인 구조를 가지고 있었기 때문이다. 한 공동체의 이상과 활동은 외
적인 구조와 체계를 통해 구현되고 드러난다. 무형의 신앙이 유형으로
구체화된다.[60]
　　점차 지역 교회의 감독의 권한이 더 강하게 되는데 이단들의 활동
으로 인한 위협이 큰 작용 요인이 되었다. 영지주의와 유대주의자들의
가르침에 대항하여 안디옥의 이그나티우스(Ignatius of Antioch, c.30-110)
는 감독, 장로와 집사로 구성된 지도권을 중심으로 교회가 하나가 되
어야 할 것을 강조한다.[61] 교회의 모든 활동, 특히 성례전은 감독이 없

이는 실행되어서는 안 된다고 경고하면서 감독이 있는 곳에 교회가 있다고 주장한다.

> 예수 그리스도께서 계신 곳에 보편 교회가 있듯이 주교가 나타나는 곳에 공동체가 있어야 합니다. 주교를 제쳐두고 세례를 주거나 애찬을 행하지 마십시오. 주교가 인정하는 것은 하나님께서도 흡족해하시므로 여러분이 하는 모든 일은 확실하고 적법하게 됩니다.[62]

왜 이렇게 감독의 권위가 강조되었을까? 앞서 간략하게 언급되었듯이 이단의 공격 앞에서 교회를 보호하기 위한 수단으로 감독의 권위가 높아졌다. 이는 소위 '사도전승'(apostolic succession)의 계승과 관련된 것이다. 문제는 이 전승을 누가 소유했느냐는 것이다. 영지주의자들은 자신들이 사도들의 가르침의 참된 계승자라고 주장하면서 예수가 꿈이나 환상을 통해 그들에게 직접 알려주었다고 말했다. 원 정통 교회는 주교들이 사도의 진정한 계승자라고 반박했다. 감독들은 영지주의자들과는 달리 공적인 가르침을 통해 사도들의 전통을 이어받았다고 주장했다.

정통 기독교인들은 또한 신약 성경에서 가장 오래된 교회, 즉 로마, 서머나 교회 등에 사도들의 가르침이 있다고 보았다. 더 나아가 이러한 교회의 합법적인 감독들이 사도전승의 담지자들이라는 관념으로 이어졌다. 사도들의 가르침을 공유하면 한 교회로 인정될 뿐만 아니라 로마

교회와 같은 곳의 감독과 교제하면 정통교회로 간주되었다. 정통교회는 사도전승의 소유자로 여겨지는 교회 감독의 목록을 만들기 시작했다.[63] 이레네우스(Irenaeus of Lyons, c.130-c.202)는 『이단 반박』에서 로마와 서머나의 감독의 명단을 기록했다. 로마교회는 베드로와 바울을 설립자로 해서 베드로에 의해 임명된 것으로 알려진 리누스(Linus)로부터 엘류테루스까지 13명의 감독이 있었고, 서머나 교회에는 사도들에 의해 폴리캅이 감독으로 임명되었음을 밝힌다.[64]

감독의 권위가 강화된 또 다른 이유는 예전과 관련이 있다. 예전은 고대 교회 발전에서 중요한 위치를 차지했는데 예전 안에서도 세례와 성찬이 강조되었다. 자연스럽게 이러한 집례를 주관하고 대상자들을 교육하고 참가 여부를 판단할 사람이 필요하게 되었다. 바울은 고전 11장 27절부터 30절까지 신자들이 성찬에 참여하기 전에 자신을 먼저 살피라고 권고한다. 감독은 교회를 감독하면서 성례를 집례했다. 장로들의 도움을 받아 세례와 성찬에 합당한 자들을 결정했고 알렉산드리아와 같은 큰 도시에서는 회심자들을 위한 교리교육 학교를 운영했다.[65]

성도들은 감독의 권위를 인정하고 존경하며, 감독은 그에 걸맞은 모범적인 삶의 태도를 요구받았다. 감독의 중요한 자질은 진실한 삶이었다. 자신들의 가르침을 삶으로 보여주어야 했다. 만일 그렇지 않다면 거짓 선생으로 간주되었다.[66] 아우구스티누스(Augustine of Hippo, 354-430)는 "훌륭한 삶이 웅변적인 설교가 된다"라고 지적했다. 감독은 검소하고 진실하고 구제에 힘쓰고 돈을 사랑하지 않는 모범적인 삶으로 지도력을 세워야 했다.[67] 이것은 장로와 집사도 마찬가지였다.

(4) 기도: 영혼의 호흡, 하나님 의지하기

초대교회는 박해당할 때 기도했다. 사도행전 12장 5절 "베드로는 옥에 갇혔고 교회는 그를 위하여 간절히 하나님께 기도하더라." 지도자가 붙잡힌 위기 속에서 초대교회 성도들은 기도했다. 이는 예수로부터 배운 것이다. 마가복음 1장 35절 "새벽 아직도 밝기 전에 예수께서 일어나 나가 한적한 곳으로 가사 거기서 기도하시더니." 예수는 제자들을 선택하시기 전에 홀로 하나님과 깊은 대화를 나누었다. 초대교회에도 현대교회와 같이 공적인 기도가 있었다. 말씀 예배와 성찬 예배의 곳곳에 예식을 위한 기도가 있었다.[68] 이외에도 개인 기도와 가정 기도가 강력하게 권고되었다. 성도들은 쉬지 말고 기도하라는 바울의 가르침(살전 5:17)에 따라 어디에 있든지 기도하기에 힘썼다. 알렉산드리아의 클레멘트(Clement of Alexandria, c.150-c.215)는 기도를 하나님과 신자들 사이의 대화로 정의했다.[69]

초대교회 성도들은 지속적인 기도를 실천하기 위해 하루의 특정한 시간을 하나님을 찾는 시간으로 정했다. 교회 지침서로 초대교회의 가장 초기 문서 중의 하나인 『디다케』는 유대인들의 관습을 대체하여 주기도문으로 하루에 세 번씩 기도하라고 가르친다.[70] 터툴리안, 키프리안(Cyprian of Carthage, c.200-258), 오리겐은 주기도문을 강해하면서 3

시, 6시, 9시 이렇게 세 차례뿐만 아니라 목욕 전과 한밤중에도 기도할 것을 권했다.[71] 『사도전승』에 따르면 이러한 시간은 모두 예수의 수난과 십자가 죽음과 관련 있다. 가령 3시의 기도는 예수가 십자가에 달리신 시간을 기억하는 것이다.[72] 초대 기독교인들은 특히 밤중 기도를 강조했다. 집안 식구들이 모두 모일 수 있는 조용한 시간이었기 때문이다. 그들은 저녁 식사 후 등불을 밝혀 하나님께 기도했다. 이러한 이유로 키프리안은 밤중 기도의 빛이 어둠을 밝힌다고 말했다. 개인 기도와 더불어 교회에서 함께 모여 기도하는 것도 활발하게 이루어졌다.[73] 『사도전승』에 따르면 성도들은 교회에서 기도하며 매일 하나님의 지키심과 인도하심을 체험했다.[74]

주기도문은 초대교회에서 오랫동안 기도의 표본으로 애용되었다. 터툴리안, 오리겐, 키프리안과 같이 여러 교부가 주기도문 강해를 남겼다. 주기도문이야말로 주님 자신의 말로 하나님께 간청할 수 있는 호감 있고 친밀한 기도였다. 이러한 전통은 종교개혁 때까지 계속되어 루터(Martin Luther, 1483-1546)는 "나는 밤마다 주기도문을 묵상하면서 기도한다. 여기에 십계명이 더해진다면 그날은 정말 풍성한 밤이 될 것이다"라고 했다.[75] 교회는 또한 기독론적으로 해석된 시편집도 선호했다. 이러한 기도집은 영지주의 무리에서 만들어진 것도 있는데 이를 변형하여 사용했다.[76]

헤르마스의 『목자』는 동쪽을 향해 기도하는 관습을 보여준다. 사람들은 주님께서 동쪽으로 재림하시고 또한 거기에 낙원이 있다고 믿었다. 이런 소망 가운데 동쪽을 바라보며 기도했다. 후대에는 동쪽 방에 십자가를 걸어두거나 그려 놓고 그 앞에서 기도를 드렸다. 기도 전에 이마에, 후대에는 눈과 입에도 십자 표시를 했다. 하늘을 우러러보거나 손을 올려 기도하기도 했다. 무릎을 꿇거나 찬양, 용서를 위한 간청이나 탄원하는 기도에는 그에 상응하는 동작을 했다. 클레멘트는 신자들이 말하지 않으면서 마음속에서 늘 하나님의 임재를 느끼며 교제하는 마음의 기도를 최고로 여겼다.[77]

초대교회 신자들은 또한 정기적으로 금식함으로 주님을 간절히 찾았다. 유대교는 정기적으로 월, 목요일을 금식일로 정했는데 차별화를 위해 교회는 수, 금요일로 변경했다.[78] 금요일은 예수님의 죽음을 기억하기 위한 것이었고 수요일은 아마도 가룟 유다의 배반을 경계하기 위한 것이었을 것이다. 박해 앞에서 예수님을 배신하지 말자고 다짐한 것 같다.[79] 이처럼 초대 기독교인들은 기도하고 금식하며 위기 앞에서 하나님의 능력을 구하고 인내했다. 이러한 기도의 인내가 발효되어 그들의 삶이 되었다.[80]

4. 열매와 핵심: 사랑의 삶

(1) 비판과 오해는 교회의 숙명, 해결은?

기독교는 배타적인 종교이기 때문에 비판을 들을 수밖에 없는 것 같다. 초대교회에 대한 박해는 잘못된 행동이 아닌 대부분 그들의 신앙 때문이었다. 그렇다면 잘못된 소문과 오해, 악의적인 비판을 어떻게 상쇄했을까? 물론 이에 대한 변증도 있었지만, 이는 주로 그들의 구별된 삶으로 이루어졌다. 기독교인을 만나고 교회의 모습을 보니 소문과는 완전히 다른 것이다. 그들은 새로운 세계관과 높은 윤리적 삶으로 사회를 유익하게 하는 집단이었다. 스타크는 교회의 성장은 대중적인 전도가 아닌 애착 관계를 형성하는 가까운 사람들 간의 네트워크를 통해 이루어졌다고 지적했다. 이는 박해가 있었기에 충분히 이해되는 상황인 것 같다.[81] 크라이더는 4세기 이전까지 교회는 전도나 선교에 큰 관심이 없었다는 흥미로운 주장을 한다. 교회가 특별한 전략이나 계획, 프로그램을 만들지 않았다고 한다. 성장을 위한 인위적인 행동이 아닌 단지 예수의 가르침에 따라 살았다. 이것이 성장의 열매를 맺었다.[82]

(2) 삶의 방식(Way of Life)으로서의 초대 기독교

초대교회는 신자다운 삶을 강조했다. 신전, 사제와 제의의 외적 형식을 강조하는 고대 종교와 달리 기독교는 모든 삶의 영역에 걸친 삶의 규범을 강조했다.[83] 진리를 배우는 데만 그치지 않고 그것을 보여주었다. 오늘날 윤리를 마치 신학에 비해 부차적인 것으로 간주하는 경향이 있는데 이는 잘못된 것이다. 초대교회는 신학을 중요하게 여겼지만, 그것이 반드시 윤리로 열매 맺어야 한다고 가르쳤다.

이런 점에서 학자들은 초대교회가 철학 학파에 더 가까웠다고 주장한다. 고대 세계에서 철학은 단지 논리와 개념에 관한 이론적인 논의가 아닌 피에르 하도트(Pierre Hadot)가 지적한 것처럼 삶의 방식(way of life)에 관한 것이었다. 철학은 실천적이며 근본적으로 자아의 변혁으로 나타난다. 특히 고대철학자들은 자신들을 영혼의 의사로 간주하고 영혼을 이끌고 치료하는 데 중점을 두었다. 만일 이러한 목적을 달성하지 못한다면 철학에는 결함이 있는 것이다.[84] 하지만 교회와 철학 학파의 여러 차이점 중 하나는 가르침의 내용이다. 또한 그 대상도 다르다. 철학 학파는 소수의 엘리트에게 초점을 두지만, 교회는 대상의 차별이 없다. 남녀, 사회 계층의 구별 없이 모든 신자에게 강력한 윤리 규범을 요구했다. 특별히 남자와 부모, 주인과 같은 사회적 강자들에게 의무를 부과했다. 당시 그리스-로마에서 기득권층은 명령과 권리가 있을 뿐 약자에 대한 책임은 없었다.[85]

무명의 작가가 보낸 『디오그네투스에게 보낸 편지』가 말하듯 초대 기독교인들은 하늘에 소망을 둔 '거류민' 혹은 '외국인'으로 살아갔다. 그리스-로마 세계 사람들의 의복, 음식, 풍습은 따르지만 삶의 방식은 달랐다. 낙태, 유아 살해를 하지 않고 혼인 외에는 성적 관계를 맺지 않았다. 신분, 성, 인종, 국적을 초월하여 한 공동체를 이루고 단순하고 소박하지만 강력한 도덕적인 삶을 살았다.[86] 기독교인들은 로마 사회의 일상생활 속에서 만만치 않은 여러 어려움에 직면했지만, 성경의 가르침대로 살아가려는 각별한 노력을 기울였다.[87] 『1세기 기독교 시리즈』를 쓴 로버트 뱅크스(Robert J. Banks)는 가상의 그리스도인인 푸블리우스의 삶을 통해 첫 세기의 그리스도인들이 가족, 친구, 이웃에게 보여준 삶의 질이 큰 영향력을 가지고 있었다는 사실을 보여주었다.[88] 이교도들은 이들에게서 알 수 없는 힘과 능력, 감동을 느꼈다.[89]

(3) 구제: 사랑으로 완성되는 믿음

초대교회의 근본적인 힘은 복음 이해에 있었다. 그리스도인의 삶에서 가장 중요한 것은 가난한 자들에 대한 사랑, 즉 구제였다. 성경은 가난하고 소외된 자들에 관한 관심과 돌봄을 강조하고 이를 참된 신앙의 표지로 제시한다(출 22:21-27; 레 19:9-10; 신 14:28-29; 잠 19:17; 단 4:27; 마 6:19-24; 19:16-30; 25:31-46; 롬 13:8-10; 약 2:14-17; 벧전 4:7-9; 요일 4:20 등).[90] 초대 그리스도인들은 믿음과 선행은 분리되지 않고 참된 믿음은 선행을 동반한다는 것을 배웠다. 하나님 사랑과 이웃사랑은 하나이며 이웃사랑이 하나님 사랑을 보여준다. 믿음은 사랑으로 완성되는 것이다(*fides caritate formata*, faith shaped by love). 하나님의 사랑을 받은 신자들은 그 보답으로 이웃을 사랑한다. 이러한 가르침을 이어받아 교회는 생성 초기부터 이웃사랑과 자비, 원수 사랑과 복수 금지를 강조했다. 믿음과 사랑은 함께 간다. 그러나 현실에서는 '사랑의 삶'이 훨씬 중요하다.

로마의 어떤 종교도 교회만큼 교리와 행동에서 사랑을 중시하는 종교는 없다.[91] 디다케는 이웃사랑과 구제를 생명의 길에 이르는 핵심으로 가르치며 부지런히 이웃을 섬길 것을 명한다.[92] 특히 가난한 자와 그리스도를 동일시하는 마태복음 25장 31-46절이 초대교회 구제와 부와 가난에 대한 개념형성에 큰 영향을 미쳤다. 가난한 자도 하나님의 형상이며 그리스도만큼 고귀한 존재라는 새로운 인간관이 형성되었다. 기독론적인 기초가 교부들의 복음 이해 기저에 있었다. 로저 올슨(Roger Olson)과 같은 학자들은 바울의 믿음과 은혜의 종교가 이후에 도덕적, 율법적 종교로 퇴락했다고 주장한다.[93] 그러나 이는 초대교회 믿음 이해의 양면성을 충분히 이해하지 못한 것이다. 바른 믿음과 바른 실천(orthodoxy, orthopraxis)은 함께 간다.

유대인들은 구약으로부터 가난한 자를 돌보시는 자비의 하나님을 알고 있었지만, 구체적으로 실천하지 않았다. 기부문화가 번성했던 그리스-로마에서는 사회적 약자에 대한 관심이 결여되어 있었다. 선물 주고받기(gift exchange)는 시민들 사이에 이루어지던 문화 관습이었다.[94] 그러나 기독교는 두 문화의 약점을 극복하면서 가난한 자들에 대한 관심을 종교의 가장 핵심적인 실천의 반열에 올려놓았다. 불신자가 바라본 당시의 교회는 그야말로 사랑의 공동체, 사랑의 결정체이다. 교회가 얼마나 구제를 많이 했으면 4세기 기독교 공인 이후 유일한 이교도 황제인 줄리안(Julian)이 퇴락하고 있는 그리스-로마의 종교가 부흥하기 위해서는 기독교의 자선을 배워야 한다고 말했다. 기독교인들처럼 가난한 자들에게 재산을 나누어주고 여관을 지어 나그네들을 영접해야 한다고 했다.[95]

2세기 이후 자비와 구제 활동은 교회의 봉사로 체계적으로 제도화되었다. 사회로부터 버림받고 혐오 받던 가난한 자들을 돌보고 그리스도의 이름으로 존귀하게 여겼다. 교회는 재산 나눔, 과부와 고아, 빈민 구제, 죄수 돌봄과 노예 해방, 죽은 이의 매장, 손님 후대의 활동을 펼쳤다. 주교들이 궁극적인 책임을 맡고 부제들이 실제로 실행했다. 부자들은 하나님의 청지기로 재산을 가난한 자들에게 나누어주어야 한다고 강조했다. 부는 이기적인 누림이 아닌 다른 사람을 돕는 수단으로 사용되어야 한다. 또한 부는 구원과 밀접한 관련이 있다.[96]

특히 전염병 시기에 기독교인들의 사랑 실천은 놀라운 것이었다. 주후 165년과 251년 로마에 두 차례 큰 전염병이 있었을 때 국가는 이를 신의 심판으로 여기고 방치했다. 사람들은 죽은 시체를 버려두고 도망가기 바빴다. 여기저기에 죽은 시체들이 쌓였다. 그때 기독교인들이 그 시체들을 치우고 병자들을 치료했다. 따라서 그들은 '파라볼라노이'(παραβολάνοι) 즉 위험을 무릅 쓴 자들로 불렸다.[97] 교인들은 목숨이 위협받고 있는 상황에서도 사랑 실천하기를 주저하지 않았다.[98]

(4) 좋은 그리스도인 만들기: 세례교육과 예배

그렇다면 여기서 드는 의문은 어떻게 이러한 신자들이 만들어졌느냐는 것이다. 초대교회 신자 교육의 비결은 의외로 단순한 원리인 세례교육과 예배에 있다. 이 요소들의 궁극적인 목적은 자비의 성품을 빚어내고 섬김의 실천을 만들어내는 데 있다. 초대교회에서 성도가 되는 과정은 상당히 까다로웠다. 교회의 문턱이 매우 높았다. 스타크는 흥미롭게도 종교가 고비용을 요구하면 공동체의 헌신도와 참여도가 증가하여 소위 무임승차자(free rider) 문제가 사라진다고 주장한다. 초대교회가 바로 그러한 경우였다고 말한다.[99]

교인이 되는 과정을 보면 첩자나 교회에 해를 끼칠 의도로 오는 사람들을 막기 위해 집사들은 교회의 경비원이 되어 방문자들이 양인지 늑대인지 판단하고 들여보냈다.[100] 이런 이유로 초대 공동체는 한동안 '잠긴 동산'(enclosed garden)이라고 불렸다.[101] 첫 번째 검열을 통과하면 후원자들에게 새신자의 동기가 무엇이며 그들의 평소의 삶의 모습과 직업을 물었다. 이때부터 후원자들은 일종의 멘토 역할을 했다. 『사도전승』(Apostolic tradition)에 따르면 여기서 교인이 되기에 적합하지 않다고 판단되거나 특히 매춘, 교사, 연극배우, 우상숭배자 등과 같이 세속적인 가치관을 버리기 힘들다고 여겨지는 직업을 포기하지 않을 경우 교인이 되지 못했다.[102]

이것은 시작에 불과하다. 예비신자로 인정된 사람들은 3년 동안 규칙적으로 말씀 예배에 참여하며 교리교육을 받았다. 교리교육이라고 해서 교리를 배운 게 아니라 신자로서 어떻게 살 것인가 배우고 실천하는 훈련이었다. 철저히 삶 중심의 연습이었다. 예비과정은 청원자-선택된 자-세례 대상자 세 단계로 이루어져 여러 번의 시험을 거쳤다. 그 시험 역시 그들이 얼마나 윤리적 삶, 구체적으로 과부와 병자를 돌보며 선행을 했는지 아닌지였다. 또한 후원자들의 확인을 요구했다. 세례 교육 과정이 끝나갈 무렵 최종적으로 시험하여 세례를 받을 자격이 있다고 판단되면 세례를 준비했다. 이때 몇 주에 걸쳐 집중적으로 교리, 주로 사도신경을 가르쳤다. 신자답게 사는 사람에게 교리를 교육했다. 삶 우선, 신학은 다음이다. 이후 보통 부활절에 세례를 받았다.[103]

왜 이렇게 입교도 하기 전에 집요할 정도로 삶의 실천을 강조했을까? 초대교회는 입교하기 전에 신자다운 모습이 보이지 않는다면 그 이후에는 불가능하다고 판단한 것 같다. 손쉽게 받아들여 오히려 교회에 해를 끼치기보다는 느리지만 그리스도인의 독특한 매력이 발산되도록 했다.[104] 4세기 이후 교회가 급격하게 성장하자 이러한 교리교육은 불가능하게 되었다. 따라서 회심의 기준도 낮아졌다.[105] 크라이더는 초기 교회의 신자화의 과정을 다음과 같이 정리한다.[106]

1. 전도		2. 학습 과정		3. 세례 준비		4. 세례
그리스도 인들과의 만남, 후원 자를 찾음	첫 번째 심사: 관계와 일	말씀을 들음	두 번째 심사: 아비투스와 성품	복음을 들음	세 번째 심사: 퇴마	새 노래를 부름
몇 년 혹은 몇 달		"성품"이 형성될 때까지		몇 주 혹은 몇 달		일생

이런 과정을 거쳐 신자들은 '새롭게' 태어났다. 3년 동안 힘든 과정을 통과했으니 세례식이 얼마나 감격스러웠는지 상상하기 어렵지 않다. 그들에게 세례는 곧 '재탄생'(rebirth)이다. 형식이 아닌 실제로 그렇다. 세례를 받은 교인은 처음으로 성찬에 참여했다. 이제 영생의 양식을 먹으며 새로운 삶을 살아갈 힘을 얻는다. 키프리안은 자신의 변화 과정을 상세하게 묘사한다.

> 어떻게 회심이 가능한 것일까? … 이러한 것들이 우리 안에 뿌리 깊이 새겨졌다. 자유로운 연회와 호화로운 잔치에 익숙한 사람이 언제 검약을 배운다는 것인가? 금과 자색의 번쩍거리는 옷을 입고, 값비싼 의복을 과시했던 사람이 언제 평범하고 단순한 옷으로 자신을 낮출 수 있단 말인가? … 거듭남의 물로 이전 삶의 얼룩이 씻겨 나갔다. … 하늘로부터 불어온 성령으로

인해 두 번째 탄생이 나를 새로운 사람으로 변화시켰다. … 그
러고 나서 놀라운 방법으로 의심스러운 것들이 한꺼번에 확실
하게 이해되었다. … 전에는 어려운 것처럼 보였던 것들이 해
결 방법을 제안하기 시작했다.[107]

예배 또한 사랑의 삶을 위해 고안되었다. 초대교회의 예배는 크게
말씀 예배와 성찬 예배, 두 부분으로 나뉘어 있다. 성찬 예배는 오직 세
례 받은 자만 참여할 수 있었다.[108] 약 150년경에 기록된 『제 1 변증서』
(1Apology)는 초기의 예배 모습을 그린다. 말씀 예배의 핵심은 설교인데
이는 주로 사도들과 예언자들의 글을 읽고 이에 따라 살 것을 촉구하는
형태이다. 초대교회의 예배에서 설교보다 더 중요한 것은 성찬이다. 이
후 헌금을 내는데 고아, 과부, 환자들, 죄수들을 돕는 데 사용했다.[109] 성
찬으로 교회의 하나 됨과 그리스도의 사랑을 확인하고 이를 구제를 통
해 나누고 실천한다. 이러한 예비교육과 예배에 반복적인 참여로 성도
들은 사랑의 아비투스(habitus, 습관)를 체득한다. 아비투스는 반복적인
실천으로 습관화된 자동적인 반응이다. 생각해서 하는 게 아니라 몸이
스스로 반응하는 것이다.[110] 최근 조지 레이코프(George Lakoff)와 조너
선 하이트(Jonathan Haidt)와 같은 뇌과학, 도덕 심리학자들은 인간의 도
덕적인 판단이 무의식적이며 즉각적으로 이루어진다고 주장한다. 아
마도 초대교회는 자동적인 사랑의 반응을 훈련한 것 같다.[111]

(5) 구제와 희생의 복: 주는 자가 더 큰 복을 받는다.

자비의 선행은 베푸는 자에게 더 큰 보상을 준다(잠 19:17; 마 6:19-24). 뛰어난 설교로 '황금의 입'(Golden Mouth)로 불린 요한 크리소스톰(John Chrysostom)은 구제가 주는 복을 항상 강조했다. 섬김과 나눔은 하늘에 보물(마 6:19-24)을 쌓는 것이며 무엇보다도 하나님을 빚쟁이로 만든다(잠 19:17). 그는 누가 주는 자의 빚쟁이가 되는지 주목하라고 말한다. 바로 하나님이다. 구제와 희생이 당장은 손해인 것 같지만 그렇지 않다. 그 복은 궁극적으로 자신에게 돌아오며 훨씬 큰 유익을 준다. 복음을 위해 소유를 버리면 30, 60, 100배를 얻는다(마 19:16-31). 요한은 우리의 영혼이 치료되고 하늘에 보물이 쌓이며 영생의 복을 받을 것이라고 설교했다. 이 땅에서 이루어지지 않더라도 영원한 천국에 상상할 수도 없을 만큼의 상급이 기다리고 있다. 무엇보다도 나눔을 통해 하나님을 닮아간다(신격화, deification). 우리 안에 옛사람이 죽고 하나님의 성품이 자란다(벧후 1:4). 신격화는 추상적인 개념이 아니라 실제적이다. 탐심과 화, 욕망과 죄가 사라지고 의의 열매, 성령의 열매가 맺힌다.[112]

초대교회가 실제 이 복을 받았다. 교회의 성장은 계산하지 않는 희생의 대가였다. 전염병이 사라진 후 교회는 큰 성장을 기록했다. 사람들이 교회의 사랑의 위대함을 몸소 체험했기 때문에 신자들에게 소망을 두었다. 그들은 구제가 궁극적으로 자신을 부요케 한다는 성경의 가르침을 믿었고 이것이 실제가 되었다. 교인이 된다는 것이 큰 희생과 낙인의 대가를 요구했지만, 그것이 주는 만족감과 기쁨, 영향력은 그것을 훨씬 초과한 것 같다.[113] 학자들은 박해 가운데 번듯한 전도 행사도 할 수 없었던 교회가 큰 성장을 이룬 결정적인 이유는 바로 사랑의 실천에 있다고 동의한다.[114] 헨리 채드윅(Henry Chadwick)은 "사랑의 실제적 실천은 아마도 그리스도교의 성공에 있어서 가장 주된 유일한 원인이었다"라고 주장한다.[115] 주후 200년 북아프리카에서 살았던 미누키우스 펠릭스(Minucius Felix)는 다음과 같이 말한다.

> 우리의 숫자가 날마다 증가하는 것은 실수가 아니라 좋은 증거입니다. 삶의 아름다움이 교인들을 인내하게 하고, 낯선 이들이 참여하게 합니다. … 우리는 위대한 것을 설교하는 것이 아니라, 위대한 것을 살아가고 있습니다(Octavius, 31.6-8, 38.6).[116]

초대 그리스도인들은 사랑으로 후기 로마 사회를 변혁했다. 교회의 구제 영향 아래 로마의 가난한 자들은 사회의 가치 있는 구성원으로 인정받게 되었다. 이전에 없었던 새로운 문화가 창조된 것이다. '후기 고대'(late antiquity)라는 분야를 유행시킨 전설적인 역사학자 피터 브라운(Peter Brown)은 그리스도인이 가난한 자를 돌보는 것은 이교도들이 산만하게 행하고 있던 것을 체계적이며 대규모로 행한 정도가 아니라 아예 없던 개념이 새로 생겨났다고 지적한다. 이는 혁명과 같은 일이었다. 새로운 언어와 사회적 상상력을 불러일으켰고 이전의 어떤 사건도 이와 견줄 수 없을 만큼의 엄청난 효과와 파장을 일으켰다. 문명사적으로는 고대에서 중세로의 전환을 이끌어낸 역사적인 사건이다.[117]

종교학적인 접근으로 정통 기독교의 정당성에 자주 의문을 제시하는 바트 어만(Bart D. Ehrman)조차도 이 점은 인정했다. 그는 기독교 성장의 원인에 대한 인상 깊은 평가를 남겼다. 스무 명에서 시작한 갈릴리 하층민들의 종교가 400년도 지나기 전 3천만 명이 될 수 있었던 결정적인 요인으로 사랑의 이데올로기를 꼽았다. 초대교회가 강자만을 위한 로마의 지배 이데올로기를 약자를 위한 사랑의 이데올로기로 전환하여 가난하고 병든 자를 위한 섬김의 문화를 만들었다는 것이다.[118]

기독교가 승리하기 전 로마 제국은 경이로울 만큼 다양성을 보유한 사회였지만 그럼에도 주민들이 문화적, 윤리적으로 공통으로 상정한 가치들이 있었다. 그 당시의 공통적인 사회적, 정치적, 개인적 가치 기준의 정수를 한 단어로 담는다면 그 단어는 '지배'(dominance)일 것이다. 지배의 문화에서는 힘을 쥔 자들이 보다 약한 자들에게 자기 뜻을 강요하는 것이 당연시된다. 통치자는 백성을, 후원자는 피 후원자를, 주인은 노예를, 남자는 여자를 지배하는 것이 당연시된다. 이 이데올로기는 단순히 냉소적인 권력 탐욕도, 의식적으로 택한 압제 수단도 아니었다. 그것은 상식이자 약자와 소수자를 포함해 사실상 모두가 받아들이고 공유한, 천 년이나 지속된 가치관이었다. … 이런 이데올로기가 지배하는 세계에서는 사회적 약자, 즉 가난한 자와 집 없는 자, 굶주린 자와 억압받는 자들을 도와줄 정부 차원의 복지 프로그램을 기대할 수 없다. 또한 병들도 다치고 죽어가는 이를 도와줄 병원이 있을 거라 기대할 수 없다. 어려운 이들을 돕는 민간 자선 기관이 존재하기를 바랄 수도 없다.

고대 로마에도 그런 것들은 존재하지 않았다. 그런데 기독교도들은 다른 이데올로기를 설파했다. 교회 지도자들은 사랑과 봉사 윤리를 설파하고 촉구했다. 어느 한 사람이 다른 사람보다 더 중요하지 않다고 설교했다. 신 앞에 모두가 평등하다고 했다. 주인이 노예보다 더 가치 있지 않고, 후원자가 피 후원자보다 중요하지 않으며, 남편이 아내보다 중요하지 않고, 힘 있는 자가 약자보다, 또 튼튼한 자가 병든 자보다 중요하지 않다고 했다. … 기독교도들이 권력을 잡으면서 위의 이상들도 대중의 사회생활에, 또 그 정수를 실현할 의도로 만들어진 민간 기관에, 그리고 정부 정책에 파고들었다. 사회가 빈자와 병자, 소외된 자들에게 봉사해야 한다는 관념 자체가 뚜렷이 기독교적인 것이 되었다. 기독교가 고대사회를 지배하지 않았더라면 우리는 가난한 자를 위한 복지를 제도화하거나 아픈 사람을 위한 의료 장치를 마련하지 않았을지도 모른다. 수십억의 사람들이 사회란 소외된 자를 도와야 한다는 생각을 받아들이지도, 궁핍한 사람의 안녕을 걱정하게 되지도 않았을 것이다.[119]

기독교의 승리는 단지 종교적인 문제로 그치지 않고 사람들이 세상을 바라보는 시각과 행동을 바꿔놓았다. 어만은 오늘날 우리가 너무 당연하다고 여기는 약자를 향한 관심과 복지의 인류사적인 기원을 기독교에 돌렸다.

에이브릴 카메론(Averil Cameron)의 지적처럼 초대교회 사상가와 신학자들은 성경을 기초로 기존의 그레코-로만 담론을 흡수, 변혁하여 세계를 이해하기 위한 새로운 인식의 틀을 제공했다. 말의 전쟁(war of words) 시대에 기독교 세계관이 또 하나의 관점이 아니라 기존에 존재한 세계관을 전체적으로 대체했다(totalizing discourse).[120] 이러한 과정을 통해 교회는 그리스-로마 문화를 변혁시켰다. 학자들은 19세기 독일의 교회사가이자 교리사가인 아돌프 하르낙(Adolf Harnack)의 "기독교의 헬라화"(Hellenization)라는 오랫동안 초대 교회사 학계를 지배했던 다소 고리타분한 논제를 정면으로 반박해왔다.[121] 물론 그런 경향이 초대교회에 어느 정도 남아있었지만, 근본적인 방향은 세속 문화의 변혁이다.

그 중심에는 예배와 신학, 성경이 있었다. 교부들은 세상과의 대화도 강조했지만, 즉 문화적 컨텍스트(context)를 중요시하지만 결국 교회의 생명은 내적인 자원, 성경과 예배, 신학에 있음을 역설했다. 하지만 이론으로 그치지 않고 사랑의 삶의 실천으로 열매 맺었다. 핵심은 삶이다. 삶이 없으면 기독교 문화도 만들어지지 않는다. 교리와 신학만이 아니라 역사와 문화이다. '교리주의'에 함몰되어서는 안 된다. 초대교회 성장사는 사랑의 힘과 교회의 대 사회적 영향력은 인위적, 계획적으로 만들어지지 않는다는 점을 보여준다. 이것이 초대교회가 보여준 '공공신학'(public theology)이다.

'기초, 근원(*ad fontes*)으로 돌아가자'

지금까지 우리는 4세기까지의 기독교 성장을 살펴보았다. 이 시기의 교회의 생성과 발전은 불가능한 현실 속에서 이루어졌다. 내부로는 이단의 공격을, 외부로는 유대인과 로마로부터 혹독한 박해를 받았고 척박한 종교적 대결 속에 있었다. 하지만 절대적으로 불리한 상황에서 교회는 소멸되지 않고 성장하여 급기야 로마의 국교가 되었다. 그 비결은 단순하다. 복음과 교회의 본질인 진리와 사랑 속에 머무르는 것이다. 초대교회는 어려움 앞에서 하나님을 의지하고 기도하고 그분의 도우심을 바라며 인내했다. 정경과 신조를 통해 진리에 깊이 뿌리내려 이단의 어떤 공격에도 흔들리지 않았다. 직분으로 교회를 세워나갔다. 안으로는 말씀과 진리에 굳게 서고 외부로는 참된 그리스도인의 삶을 철저히 보여주었다. 예배, 교육과 훈련을 통해 초기 그리스도인들은 하나님의 부르심에 합당한 '아비투스'를 형성했다. 나그네로서 세상과 구별된 삶을 살았다. 그중에 가장 두드러지는 것이 사랑의 실천이다. 그리스도인들은 가치 없다고 여겨지는 사람들을 위해 헌신하고 희생했다. 1-4세기의 교회는 주님의 가르침에 깊이 뿌리내리고 서로 교제하며 예배에 힘쓰고 사랑의 실천을 힘써 행했다(행 2:42-47). 진리의 뿌리 위에 사랑의 결실을 맺는 신앙의 본질을 보여주었다. 거기서 영적 생명력이 나왔다.

교회의 역사를 보면 교회를 무너트리는 것은 이단과 박해와 같은 외부적인 요소가 아니라 내적인 타락이다. 외부의 공격은 교회를 더 강하게 만든다. 본질을 잃어버린 교회가 정말 위기다. 기독교 공인 이후 교회는 모든 것이 안정되었지만 점차 쇠락하여 중세 말에는 근원적인 개혁이 필요할 만큼 무너져 버렸다. 작금의 교회 위기는 사회의 비판을 상쇄할 수 있는 사랑의 힘이 부족해서 벌어지는 것 같다. 신앙의 본질을 상실한 것이다. 그러면 어떻게 할 것인가? 초대교회 성장의 근원에서 몇 가지 제안하고자 한다.

첫째, 믿음의 터를 든든하게 만들어야 한다. 하나님의 사랑이 충만한 공동체를 만드는 것이다. 철저한 말씀과 교리교육을 통해 믿음의 내용을 가르쳐야 한다. 물론 그 중심에는 그리스도가 있어야 한다. 성도들이 그리스도가 누구이며 우리의 구원을 위해 무슨 일을 하셨는지 확실히 알도록 해야 한다. 성찬을 더욱 자주 시행하여 하나님의 은혜를 실제로 체험하도록 할 필요가 있다. 말씀과 교육을 통해 성도들을 지속적으로 굳건하게 세우고 기도, 금식의 훈련도 필요하다. 교회가 복음 안에서 하나님의 사랑이 충만하도록 직분 역시 잘 세워져야 한다.

둘째, 기독교의 본질로서 사랑의 실천 회복이다. 교회에서의 하나님 사랑이 세상 속에서 이웃사랑으로 열매 맺어야 한다. 사랑 없는 신앙은 가짜이다. 사랑으로 실천되지 않는 교리는 헛된 것이다. 초대교회는 가난하고 소외된 자를 돌보는 사역을 교회의 핵심으로 보고 이를 대대적으로 실천했다. 종교개혁은 교회의 본질로서 복음의 선포, 성례와 권징의 시행이라는 좋은 전통을 물려주었지만 초대교회가 강조한 사랑의 실천을 간과한 아쉬움이 있다. 약자에 대한 보호와 돌봄은 초대 기독교로부터 나왔다. 이러한 좋은 가치를 교회가 잃어버려서는 안 될 것이다. 교회가 함께 실천 목록을 만들고 나누고 실천하는 일이 필요하다. 기독교는 말이 아닌 사랑의 종교이다.

마지막으로 교회 교육과 신자화(Christianization)에 대한 패러다임의 전환(paradigm shift)이 필요하다. 우선 세례 교육을 지금보다 훨씬 더 강화해 소수라도 예수의 가르침을 진정으로 실천하는 성도들을 배출해야 한다. 세례 교육이 강화되어야 세례의 의미가 온전히 살아날 수 있다. 또한 세례 교육을 더 나아가 교회 교육을 삶 중심으로 재편할 필요성이 있다. 사랑을 중심으로 세상 속에서 실제로 그리스도인답게 살아갈 수 있게 하는 성품과 삶의 훈련이 필요하다. 그 밑에 성경과 신학을 넣어 성도들이 살아가면서 신학을 체득하도록 해야 한다.

초대교회가 삶이 있는 사람들에게 신학을 가르친 이유를 생각할 필요가 있다. 수영을 배우는 사람이 이론을 완벽히 숙달한 상태로 수영을 하는 게 아니다. 수영을 하면서 익힌다. 마찬가지로 초대교회는 기독교적인 삶의 방식(Christian way of life)을 체득하게 하고 신학을 가르쳤다. 초대교회는 예배-삶-신학 순으로 발전했다. 또한 윤리적인 삶, 특히 사랑에 대한 설교를 더 많이 늘릴 필요가 있다. 우리는 때때로 우리가 가진 신학적인 틀로 윤리에 관한 성경 말씀을 축소할 때가 있는 것 같다. 예배의 구조와 요소도 사랑의 정신과 실천을 지향할 수 있도록 만들어 주는 것도 좋을 것이다. 우리는 매주 예배를 통해 형성되어가고 있다.

배우면서 전수하는 아우구스티누스의 멘토링

EARLY CHURCH

배우면서 전수하는 아우구스티누스의 멘토링

우병훈 (고신대학교 신학과, 교의학)

그대가 교정할 수 없으면, 반드시 참아야 합니다.
그대가 교정할 수 없는 사람도 여전히 그대의 사람입니다.
동료 인간으로서든, 흔히 그렇듯 교회의 구성원으로서든
그 사람은 내부에 있습니다. 그대는 무엇을 하겠습니까?
어디로 가겠습니까?
아우구스티누스, 『시편 강해』 54.8.[1]

목회자 아우구스티누스

오늘날 멘토링(mentoring)이란 주로 교육, 예술, 스포츠, 상업 분야에서 이뤄지는 지도, 상담, 조언, 훈련, 교정, 격려의 과정으로 이해된다. 멘토링의 양상은 상황과 환경과 문화마다 다르겠지만 그 핵심에 있어서 멘토링은 한 분야의 전문가나 숙련자가 자신의 경험이나 지식, 기술이나 방법을 초보자에게 나눠주는 과정을 포함한다.[2] 기독교에서 멘토링은 복음의 충만성을 깨닫게 하고 경험하도록 도와주는 일을 뜻한다.[3]

아우구스티누스(354-430년)는 기독교 신학자, 기독교 철학자로 우리에게 알려져 있다. 하지만 우리는 그가 히포 레기우스에서 391년부터 죽을 때까지 거의 40년간 목회자로 살면서 많은 사람들을 멘토링했음을 기억해야 한다. 부제(deaconus)로 활동하다가 394년 발레리우스 주교의 후임자로 서임된 그는 히포에서 본당 사제였을 뿐 아니라, 수도원도 운영했다. 그는 매주 2회씩 설교하고, 새신자들을 교육하고, 세례를 베풀고, 성찬을 집례했으며, 수많은 사람들을 목양했다. 그 당시 히포는 고대 사회가 흔히 그러했듯이, 대지주와 가난한 사람들로 구성되어 있었다. 그들 사이에서 아우구스티누스는 자신이 할 수 있는 최선의 사역을 감당했다. 그는 지역 교회의 목자(牧者)로서 기본적인 목회 사역 외에도, 많은 사람들을 구제하고, 민사 재판에서 분쟁을 조정하고, 펠라기우스파나 도나투스파, 그리고 마니교와 같은 이단들과 논쟁했으며, 교회 회의들에 참석하여 자신의 의견을 개진했다.[4]

무엇보다 이 글에서 우리의 주목을 끄는 것은 멘토로서 아우구스티누스이다. 주교가 된 이후에 그는 자신의 주변에 검고 긴 옷을 입은 '하나님의 종들'을 모았다. 그는 직간접적으로 그들을 계속해서 지도했다.

그들은 가난과 독신의 맹세, 그리고 엄격한 규율을 따라 도시적 삶으로 부터 의도적으로 격리되었으며, 오직 성경만으로 교육받았다.[5] 아우구 스티누스가 목회하던 히포와 그 인근의 여러 도시에는 약 300명의 목 회자(주교)가 있었으며, 히포에서 가까운 대도시인 카르타고에는 439 년경 약 500명의 목회자가 있었다고 전해진다.[6] 목회자 아우구스티누 스는 그들에게 매우 실제적이고 유용한 멘토링을 제공했다.

이 글은 아우구스티누스의 영적 멘토링의 내용과 특징을 다룬다.[7] 목회자이자 신학자로서 그는 설교, 편지, 저술 등을 통해서 멘토링을 실천했다. 그가 남긴 562편의 설교, 252통의 편지, 134권 가량의 책이 현재까지 전해진다.[8] 그의 사후 제자이자 동료였던 포시디우스가 남긴 『아우구스티누스의 생애』의 마지막 부분에서 말하듯이, 그의 저술을 읽는 사람들은 많은 은혜를 누릴 수 있겠지만 그보다 더 큰 은혜를 받 은 사람은 그의 설교를 직접 들은 사람들, 특히 그와 함께 살면서 그의 삶의 방식을 직접 관찰했던 사람들이었다.[9] 아우구스티누스는 공동생 활을 통해서 멘토링을 실천했는데, 그는 일평생 4개의 공동체를 만들 어 직접 지도했다. 그 공동체들은 카시키아쿰 공동체(386-387년), 타가 스테 공동체(388-391년), 히포의 정원 수도원(391-396년), 히포의 성직자 수도원(396-430년)이다.[10] 그는 이 4개의 공동체를 각각 다른 목적을 가 지고 멘토링 했다. 목적이 달랐던 만큼, 멘토링 내용과 방식도 달랐다. 그의 멘토링 방식은 다채롭고 심오하며, 오늘날에도 여전히 유용한 적 용점을 전달해 준다. 이하에서는 아우구스티누스가 세운 4개의 공동체를 역사적 순서대로 하나씩 살펴보고 멘토링의 관점에서 그 의의를 평가하고자 한다.

1. 카시키아쿰 공동체와 아우구스티누스의 멘토링

아우구스티누스는 386년 8월 말에 회심했다.[11] 그 직후인 9월, 그는 친구 베레쿤두스[12]의 영지인 카시키아쿰으로 가서 이듬해 3월 초 밀라노로 돌아올 때까지 일단의 사람들과 함께 공동생활을 시행한다.[13] 이것이 "카시키아쿰 공동체"이다. 카시키아쿰에서 아우구스티누스는 『아카데미아 학파 반박』(11월), 『행복한 삶』(11월), 『질서론』(12월), 『독백』(11월-이듬해 3월)을 저술한다. 하지만 그가 저술 활동보다 더욱 힘쓴 것이 있었으니 그것은 7개월간의 공동생활 지도였다. 그는 어머니 모니카(Monica)와 아들 아데오다투스(Adeodatus) 외에도, 친형인 나비기우스(Navigius), 사촌들인 라스티디아누스(Lastidianus)와 루스티쿠스(Rusticus), 학생들인 리켄티우스(Licentius)와 트리게티우스(Trygetius), 그리고 친구 알리피우스(Alypius)와 함께 생활했다.[14] 387년 4월 24일 부활절에 아들 및 알리피우스와 같이 세례 받을 때까지 아우구스티누스는 어떤 목적과 필요로 인해 카시키아쿰의 공동생활을 했을까? 실제로 카시키아쿰 공동체가 했던 활동들을 살펴보면 그 목적을 대략 짐작할 수 있다. 이 공동체는 수도원이 아니었기 때문에 매일 엄격하게 짜인 일과표를 따라 생활하지는 않다.[15] 하지만 새벽에 기도로 하루를 시작하고, 밤에 기도로 하루를 마치는 것은 정해져 있었다.[16] 공동체는 함께 성경도 읽고, 모니카가 준비한 식사를 함께 먹었다. 그들이 사는 집 주변에 밭이 있었기에, 추수기에는 밭에서 함께 일하기도 했다. 아우구스티누스는 시편을 읽고 하나님을 찾고 구하면서 생활했다.[17] 그는 리켄티우스와 트리게티우스에게 베르길리우스의 시(詩), 『아이네이스』를 가르치기도 했다. 다른 사람들도 역시 독서와 연구에 몰두하도록 지도했다.

카시키아쿰 공동체의 중요한 특징은 그들이 매일같이 나눈 대화에 있었다. 그들은 오전 중간쯤과 늦은 오후에 함께 모여 신학적, 철학적 대화를 진행했다. 대화는 성경이나 철학에 관한 토론이었는데, 아우구스티누스가 묻고 다른 사람들이 답하거나, 그 반대의 방식을 취했다. 때로 아우구스티누스가 긴 연설을 진행하기도 했다. 그들이 나눈 대화의 내용과 양식은 『아카데미아 학파 반박』, 『행복한 삶』, 『질서론』에 잘 나타난다. 그들의 대화는 많은 경우 철학적 주제를 탐구하는 것이었지만, 그들은 단지 철학이 주는 진리에 만족하지 않았다. 이미 아우구스티누스는 카시키아쿰으로 오기 몇 달 전에 철학적 공동체를 통해 행복한 삶을 추구하는 일에 있어 실패를 맛보았다.[18] 이제 그는 진정한 행복이 세속 철학이 아니라, 기독교 신앙에 있음을 확인하고자 했다. 따라서 우리는 카시키아쿰 공동체를 "기독교적 지혜를 추구하는 모임"으로 가장 잘 요약할 수 있다. 이 공동체는 지적 연구, 육체노동, 철학적이고 신학적인 명상, 성경 읽기, 기도, 대화를 통해서 참된 지혜를 추구하고자 했던 생활공동체였다.[19] 피터 브라운이 지적하듯이, 아우구스티누스는 카시키아쿰에서 분명 아주 깊은 철학적 독서에 심취했겠지만, 그것을 기록으로 남기지 않았다.[20] 브라운은 그 이유에 대해서 별달리 말하지 않는다. 하지만 아마도 아우구스티누스가 카시키아쿰에서 생각했던 공동체는 단순한 철학 공동체가 아니라, "진정한 기독교적 지혜"를 추구하는 공동체였기 때문에 그랬던 것이 아닐까 추측해 볼 수 있다.

카시키아쿰 공동체에서 아우구스티누스의 멘토링은 다음과 같이 세 가지로 진행되었다.[21] 첫째, 그는 전체 공동체 생활을 관장하고 지도하는 '관리자' 역할을 했다. 둘째 그는 '교사'로서 역할을 했다. 그는 성경과 철학 텍스트를 가르쳤다. 셋째, 그는 대화를 이끌어 가는 '대화 주도자'의 역할을 했다. 그는 철학과 성경에서 제기되는 질문을 던지고, 답변을 들으며, 그것을 다시 교정하고, 자신의 생각을 전하는 식으로 가르침을 전수했다. 이런 식으로 그는 대화 상대자가 자기 스스로 문제의식을 만들어가며, 스스로 진리를 찾아 지적 여정을 진행해 갈 수 있으리라 기대했다. 이상과 같은 역할들에서 특징적인 것은 아우구스티누스가 권위를 가지고 전체 공동체를 지도하지만, 권위주의의 흔적은 전혀 보이지 않고 있다는 점이다. 그는 오히려 친구와 같은 친근함과 상냥함으로 자신의 공동체를 통솔했다. 자신도 역시 진정한 기독교적 지혜를 찾아가는 가운데, 다른 사람들을 독려하면서 함께 그것을 추구하고자 했기 때문이다.

2. 타가스테 공동체와 아우구스티누스의 멘토링

387년 4월, 세례를 받은 후에 아우구스티누스 일행은 로마를 거쳐 카르타고로 가고자 한다. 하지만 내전(內戰) 때문에 항구가 봉쇄되는 바람에, 오스티아에 잠시 머물게 된다. 오스티아는 아우구스티누스가 어머니 모니카와 함께 특별한 환상을 체험한 곳으로 유명하다.[22] 모니카가 세상을 떠나기 2주 전에 두 모자(母子)는 말하자면 천계(天界) 자체를 두루 거니는 환상을 경험하는데, 이로써 육체적 열락(悅樂)은 영생(永生)에 견준다면 아예 언급할 가치가 없다는 진리를 깨닫게 된다.[23]

이 글의 목적과 관련해서 더 주목할 만한 점은 카르타고로 가는 길이 지체되어서 로마에 좀 더 머무는 기간 동안 아우구스티누스가 주변 수도원들을 직접 방문하여 그 활동을 자세히 관찰했다는 사실이다.[24] 이러한 경험은 아우구스티누스에게 수도사의 삶이 실제로 가능하다는 확신을 심어주었고, 그것을 구체적으로 실천할 수 있는 동기를 부여했다. 카르타고로 돌아가서 아우구스티누스는 388년 혹은 389년에 『보편 교회의 관습』이라는 작품을 쓰게 되는데, 그 안에 로마에서 관찰한 수도사들의 삶에 대해 이렇게 기록한다.[25]

> 로마에서 저는 몇몇 집들을 알게 되었습니다. 거기에서는 절제, 지혜, 신적 지혜에 있어서 탁월한 한 사람이 다른 사람들을 지도하고 있었습니다. 그들은 기독교적인 사랑, 거룩, 자유 속에서 공동생활을 했습니다. 다른 사람에게 짐이 되지 않기 위해

서, 그들은 동방의 관습과 사도 바울의 권위를 따라서 자기 손으로 일해서 생계를 유지했습니다. 저는 이들 중 많은 사람이 대단히 엄격한 금식을 시행한다고 들었습니다. 단지 하루를 저녁까지 굶는 정도가 아닙니다. 그 정도 금식은 어디에나 있는 흔한 일이지요. 오히려 그들은 사흘을 완전히 금식하기도 하고, 더 많은 날을 음식과 음료 없이 지내기도 한답니다. 이것은 남성들뿐 아니라 여성들에게도 마찬가지로 사실입니다. 많은 과부들과 처녀들이 함께 살면서 방적이나 뜨개질을 통해 자급자족했습니다. 그중에 매우 존경스럽고 경험이 많은 한 여성이 다른 여성들을 지도합니다. 그 여성은 도덕적 행동을 형성하는 일뿐 아니라, 지성을 훈련시키는 일에도 숙련된 사람입니다.[26]

아우구스티누스는 이제 이러한 수도원적 삶을 자신의 공동체에도 적용시키길 원했다. 그래서 388년 자신의 고향 타가스테에 도착했을 때, 아데오다투스, 알리피우스, 에보디우스와 함께, 보다 수도원에 가까운 공동생활을 시작했다. 이것이 "타가스테 공동체"이다. 그들이 3년간 보낸 공동생활에 대해서 포시디우스는 『아우구스티누스의 생애』에서 "금식과 기도, 선행을 행하고, 주야로 주님의 율법을 묵상하면서 하나님을 위해 살았던 삶"으로 요약한다.[27] 타가스테 공동체가 비록 수도원 규칙에 따라 살지는 않았지만, 그들은 기도와 금식, 선행과 성경 읽기, 시편 찬송과 영적 독서 등을 행하면서 살았다.[28] 무엇보다 그들은 자신의 재산을 다 포기하고, 모든 물건을 통용했다.[29] 육체노동보다는 독서,

연구, 교육과 같은 정신노동을 수행했다.[30]

타가스테 공동체에서 아우구스티누스의 멘토링은 카시키아쿰 공동체와는 약간 다르게 시행되었다. 공통점도 있었다. 여전히 매일의 대화를 통해서 지혜와 진리를 찾아간다는 점은 동일했다. 하지만 카시키아쿰 공동체가 "기독교적 지혜 추구"에 역점을 두었다면, 타가스테 공동체는 "영적 성장"을 좀 더 강조하게 되었다.[31] 그들의 삶의 양식은 파코미우스나 바실리우스 등이 보여준 공동수도 제도와 유사했다. 그래서 로리스(Lawless)는 타가스테 공동체를 수도공동체로 부를 수 있다고 본다.[32] 하지만 타가스테 공동체를 수도공동체로 보기는 힘든데, 그 이유는 다음과 같다. 첫째, 교회(주교나 사제)의 지도를 받지 않고 있었기 때문이다. 둘째, 완전히 짜인 일과표에 따라서 생활하지 않았기 때문이다. 셋째, 그들의 대화 중에 많은 부분이 여전히 철학적 주제를 다루고 있기 때문이다.[33]

비록 타가스테 공동체가 수도원은 아니었지만, 아우구스티누스는 거기에서도 여전히 탁월한 멘토링을 수행했다.[34] 첫째, 아우구스티누스는 공동체가 유지되고 발전하도록 돕는 사람이었다. 그는 공동체에 영적 지도를 수행했으며, 공동체의 매일의 삶을 지도했다. 둘째, 그는 대화를 통해 공동체를 지도했다. 이런 습관은 카시키아쿰 공동체에서 있었던 것과 마찬가지였다. 이 시기에 나온 『교사론』을 보면, 그는 여전히 지적이고 영적인 생생한 대화를 주도했음을 알 수 있다. 셋째, 그는 편지와 저술을 통해서 더 넓은 기독교 공동체에 영향을 미쳤다. 아우구스티누스의 저술은 철학에서 보다 더 신학적인 주제로 옮겨갔다. 특히 그는 성경 연구에 더욱 힘을 쏟게 되었다. 388년에 쓰기 시작하여 396년 히포에서 완성한 『83개의 다양한 질문들』을 보면 그런 이동을 관찰할 수 있다. 넷째, 그는 마니교와 이단들을 대항하여 정통적 기독교 교리를 보호하는 역할을 담당했다. 『마니교도 반박 창세기 해설』과 『참된 종교』가 그런 내용을 담고 있는 대표적인 작품이다. 타가스테에서 그는 아프리카 교회의 조직화된 삶과 매일 마주쳐야 했기 때문에 이러한 책임은 피할 수 없었다.[35] 타가스테 공동체는 그 자체로 수도원이라고 볼수는 없었지만, 여러 면에서 아우구스티누스가 수도원을 운영할 수 있는 경험을 실제적으로 쌓을 수 있는 곳으로 기능했다.

3. 히포의 정원 수도원과 아우구스티누스의 멘토링

390년에 아우구스티누스는 큰 슬픔을 겪었다. 친구 네브리디우스와 아들 아데오다투스가 세상을 떠난 것이다. 아우구스티누스는 비통과 공허함을 이겨내고자 좀 더 적극적으로 살았으며 타가스테 공동체를 더욱 발전시켜 나갔다. 391년에 아우구스티누스는 타가스테에서 약 96km 떨어져 있던 히포로 가서 한 사람을 전도하고자 했다. 거기에서 그는 전도한 사람 및 몇몇 형제들과 함께 살 수도원 자리로 적합한 곳을 물색하기까지 했다.[36] 하지만 바로 그때 히포의 주교였던 발레리우스는 그를 붙잡아 사제로 세우게 된다. 그 일이 있은지 35년 후에, 아우구스티누스는 당시 자신이 히포에 도착했을 때 무슨 일이 일어났는가를 설교 중에 이렇게 회상한다.

> 저는 당신들 가운데 많은 사람들이 아는 대로 젊었을 때 이 도시에 왔습니다. 저는 제 '형제들'과 같이 살 수도원을 세울 곳을 찾고 있었습니다. 저는 이 세상의 모든 희망을 포기했습니다. … 저의 명성이 '하나님의 종들' 가운데 알려지기 시작하자마자 주교좌가 비어있는 곳에는 절대 가지 않을 정도로 저는 주교직에 앉는 것을 두려워했습니다. 저는 높은 직책의 위험을 감수하기보다는 비천한 자리에서 구원을 얻기 위해서 할 수 있는 일들을 했습니다. 그러나 말씀드렸던 대로 노예는 '주인'의 뜻을 거스르지 않습니다. 저는 한 친구를 하나님에게로 이끌어 수도원에서 같이 살기 위해서 이 도시에 왔습니다. 저는 이곳에 이미 주교가 있었기 때문에 안심했습니다. 그런데 저는 사로잡혔습니다. … 저는 사제가 되었고, … 그 후 당신들의 주교가 되었습니다.[37]

1536년 7월에 칼뱅이 파렐에게 붙잡혀 목회사역을 시작한 것처럼, 아우구스티누스는 391년 초, 발레리우스에게 붙잡혀 사제가 되었다. 지금으로서는 이해하기 힘든 일이었지만, 그 당시 로마 제국에서 그런 일은 흔했다. 발레리우스는 민첩했다. 그는 설교에서 회중을 선동하다시피 했고, 이에 설득된 사람들은 아우구스티누스를 밀어붙여 사제가 되는데 동의하게끔 만들었다.[38] 발레리우스는 또한 영리했다. 그는 아우구스티누스의 필요를 알고 있었고, 즉시 그가 새로운 수도원을 시작할 수 있도록 교회 정원의 한 부분을 하사했다. 이렇게 하여 아우구스티누스는 타가스테 공동체를 떠나, "히포의 정원 수도원"의 관리자가 되어 버렸다.

타가스테 공동체는 계속 지속되었지만, 알리피우스, 세베루스, 에보디우스는 거기를 떠나 히포의 정원 수도원에 합류했다.[39] 이 수도원은 금방 유명해졌다. 다양한 연령과 계층의 사람들이 원근 각처에서 수도사가 되기 위해 찾아왔다. 그들 중에는 사제, 평신도, 심지어 아직 세례 교육을 받는 중인 사람들까지 포함되어 있었으며, 이전에 마니교 신자였던 사람도 적지 않았다.[40] 사제도 있긴 했지만, 기본적으로 수도사들은 평신도들이었다. 그들과 다른 평신도와의 차이는 결혼을 하지 않고, 전 재산을 헌납하고 수도 생활을 하는 것에 있었다.[41]

히포의 정원 수도원은 아우구스티누스가 처음으로 세운 수도원이었다. 구성원들은 엄격한 일정표에 따라 생활했다. 그들의 하루는 개인 기도, 공동 기도, 성경 읽기, 신앙서적 독서, 공동 식사로 이뤄져 있었다. 그들 중에 성직자들은 히포 교회의 사역을 함께 했고, 평신도들은 육체노동과 사본 필사 등의 작업을 했다.[42] 아우구스티누스가 이 모든 것을 관장했다.

이 수도원은 교회와 밀접한 연결성을 지녔다. 그들은 교회의 필요를 충족시키는 것을 1순위로 생각했다. 아우구스티누스는 수도사라고 해서 단순히 조용한 묵상과 기도에만 전념해서는 안 되며, 오히려 교회에 봉사하는 것을 더 중요한 과제로 생각해야 한다고 보았다.[43] 또한 아우구스티누스는 이 수도원이 성직자 훈련을 위한 기관이 되길 원했다. 당시 아프리카는 마니교, 도나투스파, 아리우스파가 가톨릭교회를 어지럽게 하고 있었다. 특히 히포에는 도나투스파가 득세하고 있었다. 오히려 가톨릭교회는 괴롭힘을 당하는 소수였다. 도나투스파는 지역 지주들의 지지를 받으며, 지역 관리들의 암묵적 인정 하에서 세를 넓혀갔다.[44] 발레리우스 주교가 아우구스티누스를 사제로 삼고, 설교를 시키도록 한 이유도 거기에 있었다.[45]

이러한 상황에서 아우구스티누스가 직접 성경을 가르치고, 영적 독서를 지도했던 것은 가톨릭교회[46]를 건강하게 하는 데 매우 중요한 사역이 되었다. 실제로 히포 정원 수도원에서 훈련받은 사람들이 이후에 사제가 되었다. 대표적으로 알리피우스는 아우구스티누스보다 먼저 주교로 서품받고, 394년 타가스테 교회를 섬기기 위해 떠났다.[47] 아우구스티누스는 히포의 정원 수도원에서도 역시 타가스테 공동체와 마찬가지로 개인의 사유재산을 모두 헌납하고 수도원에 들어오도록 하는 규칙을 지켰다. 이것은 사도행전 4장 31-35절의 내용을 실제로 지키고자 했기 때문이다.[48] 타가스테 공동체에서와 마찬가지로, 정원 수도원의 모든 수도사들은 소유를 유무상통했다.

아우구스티누스는 391년부터 394년 발레리우스 주교의 후임자로 서임되기까지 4년간 히포의 정원 수도원을 직접 운영했다. 그의 멘토링의 특징은 아래와 같다. 첫째, 그는 사람들을 직접 선출했다. 그는 수도원에 입회하기 위해 찾아오는 사람들을 모두 다 수용하지는 않았다. 오직 수도원의 규칙에 따르겠다고 서약한 사람만 입회할 수 있었다.[49] 아우구스티누스는 제자도의 높은 기준을 제시했다.[50] 그는 스스로 거룩한 삶을 추구하고 또한 권면했다. 하지만 그렇다고 해서 수도원의 문턱이 지나치게 높았던 것은 아니었다. 시편 99편 강해에서 그는 "어떤 사람이 악한 지를 알아보기 위해서는 일단 수도원 안에서 그를 시험해 봐야 합니다. … 그들이 수도원에 들어오지 않는다면 시험해 볼 수도 없을 것입니다. 당신은 사악한 자는 모두 다 쫓아버리길 원합니까?"라고 말한다.[51] 재산을 헌납하고, 또한 수도원의 규칙을 지키기로 약속한 사람은 받자는 것이 아우구스티누스의 원칙이었던 것이다.[52]

둘째, 아우구스티누스는 모든 사람들을 직접 지도하고 비전을 공유했으며, 자신이 직접 모범이 되어서 수도사들을 훈련시켰다.[53] 그는 영적인 감독자로서 구성원들의 경건생활을 늘 점검했다. 말씀과 기도라는 경건의 든든한 두 축은 이곳 수도원에서는 매우 견고하게 세워져 있었다. 특히 카시키아쿰이나 타가스테에서처럼, 식사 시간에 대화를 나누는 관습은 히포의 정원 수도원에서도 지속되었을 것이다.[54] 그는 스스로 성장하고 다른 사람들을 성장시켰다. 정원 수도원은 점차로 북아프리카 성직자들을 위한 훈련센터로 기능하게 되었다. 얼마간 시간이 지난 후에 아우구스티누스는 자신이 가르친 사람들을 교회를 위한 목회자로 파견하기 시작했다.[55]

셋째, 아우구스티누스는 계속해서 저술 활동에 힘썼다. 그는 『믿음의 유익』, 『(마니교도 반박) 두 영혼』, 『자유의지론』, 『마니교도 포르투나투스 반박』, 『시편 강해』, 『신앙과 신경』, 『창세기 문자적 해설 미완성작품』 등을 이 시기에 저술했다. 사람들은 이 책들을 통해 큰 유익을 얻었는데, 심지어 이단자들마저 뜨거운 관심을 보일 정도였다.[56] 특히 그는 성경에 대해 더욱 깊이 연구했으며, 수도사들에게 직접 성경을 가르쳤다. 또한 무엇보다 교리문답을 가르쳤는데, 이를 통해서 성경을 더 잘 이해하도록 도왔다.[57] 그가 이 시기에 설교한 『신앙과 신경』에는 창조론, 삼위일체론, 그리스도의 성육신, 성령론, 교회론 등이 담겨 있다.[58] 포시디우스는 그가 "사적이나 공적으로, 집에서나 교회에서 구원의 말씀을 가르치고 설교했다."라고 적었다.[59] 여기에서 집이라는 것은 아마도 수도원을 뜻할 것이다.[60] 어디서건 정교하지만 간결하고 짧은 신학 연설과 설교들이 그에게서 쉽게 쏟아져 나왔다.[61] 포시디우스는 아우구스티누스의 저술과 설교를 통해 "아프리카 가톨릭교회는 오랜 침체기를 벗어나 마침내 고개를 들기 시작"하였으며, "아프리카 전역에 그리스도의 빛나는 가르침과 지극히 그윽한 향기가 널리 퍼져나가고 뚜렷이 드러났다."라고 기록한다.[62]

4. 히포의 성직자 수도원과 아우구스티누스의 멘토링

발레리우스는 395년에 아우구스티누스를 공동 주교로 임명했다. 이것은 그 당시 관습에 어긋나는 것이었다.[63] 한 도시에 한 주교만 있어야 했으며, 그렇기에 이전 주교가 사망하거나 폐위된 후에 비로소 다른 주교가 세워질 수 있었기 때문이다. 하지만 발레리우스는 정치적 수완을 발휘하여 자신의 결정이 관철되도록 했다. 이렇게 하여 391년에 사제가 되면서 "수도사-사제"가 되었다가, 395년 공동 주교로 임명되면서 "수도사-주교"가 된 아우구스티누스는 396/7년경에 발레리우스가 죽고 나서 "주교-수도사"가 되었다.[64] 이제 아우구스티누스는 아타나시우스나 바실리우스처럼 도시에 살면서 교회 사역을 같이 감당하는 수도사가 되었다. 비록 그의 사역은 점차로 "묵상적 삶"(*vita contemplativa*)에서 "활동적 삶"(*vita activa*)으로 옮겨가고 있었지만, 그는 독서와 육체노동을 하면서 정기적으로 기도하는 수도사의 삶을 언제나 동경했다.[65]

발레리우스 사후, 아우구스티누스는 그가 살던 주교 관저로 들어가게 되었다. 그러면서 그는 성직자들을 위한 수도원의 필요성을 느끼게 된다. 355번 『설교』에서 아우구스티누스는 그때의 상황을 이렇게 적었다.

> 저는 주교구에 도착했고, 주교가 모든 방문객과 여행자들에게 친절한 환대를 베풀어야만 한다는 것을 알게 되었습니다. 실로 만일 주교가 그렇게 하지 않으면, 그는 인간성이 부족하다고 소

묻날 것입니다. 그러나 이런 일을 수도원에서 해야 한다면, 그
것은 어울리지 않을 것입니다. 그래서 저는 주교 관저에 성직
자 수도원을 세우고 싶었습니다.[66]

간단히 말하자면, 정원 수도원에 사람들이 많이 몰려들어서 그들
을 대접하기에는 수도사의 일과가 방해를 받기에 주교 관저에 따로 수
도원을 하나 더 세워서 손님을 대접했다는 것이다.[67] 이렇게 하여 아우
구스티누스는 정원 수도원의 사람들 중에 몇 명을 선출해서 사제가 되
게 하고, 그 외에 다른 사제들까지 초청하여 "히포의 성직자 수도원"
을 설립하게 되었다. 여기에 합류한 사람들은 세베루스, 에보디우스,
포시디우스 등이었다.[68] 425-426년에 사제(presbyter)였던 야누아리우스
(Ianuarius)가 자신의 재산을 다 헌납하지 않고 거짓말을 하였을 때, 아우
구스티누스는 대대적인 조사를 실시했는데, 그때 행한 356번 『설교』를
보면 당시 성직자 수도원에 살았던 사람들의 명단이 나온다. 파우스티
누스(Faustinus), 세베루스(Seuerus), 히포니엔시스(Hipponiensis), 에라클
리우스(Eraclius), 레포리우스(Leporius), 바르나바스(Barnabas), 엘레우시
누스(Eleusinus) 등을 비롯한 부제들과 감독들이 있었다.[69]

히포 성직자 수도원의 하루는 정원 수도원과 유사했다. 그들은 서
로를 수도사로 부르지 않고 "형제"라고 불렀으며, 바깥에서는 "하나님
의 종들"이라고 불렸다.[70] 형제들은 아침 일찍 일어나서 아침기도를 하
고, 개인 기도와 공동 기도를 위해 시간을 정했다. 정원 수도원의 형제

들은 자신의 집에서 기도를 했지만, 성직자 수도원의 형제들은 주교 관저 옆에 있던 평화의 바실리카(Bacilica Pacis)에서 기도와 시편 찬송을 드렸을 것이다. 그들은 매일 성찬을 집례했다. 이 성찬에는 평신도들이 함께 하기도 했다.[71] 그들은 매일 성경을 읽고, 경건 서적을 읽었는데, 그들의 도서관은 잘 구비되어 있었다. 이 수도원에 대해서 브라운은 다음과 같이 묘사한다.

> 이 수도원은 이집트 사막에 고립되어 있는 금욕적 공동체와는 달랐다. 이들은 책을 읽었고, 연구했으며, 즐거운 정원에서 학식 있는 대회를 나누었으며, 많은 여행객들이 오기는 항구 도시에서 살았다. 아우구스티누스 생의 말엽에는 방문자들이 너무나 많아져 그들을 숙박시킬 숙소를 지어야 할 정도였다. 아우구스티누스는 이 방문자들을 자신의 집에 있는 식탁에서 만났다. 그들은 사르디니아 연안의 작은 섬에 살던 은자들, 고트족 수도사들이었다.[72]

아우구스티누스는 아주 자세한 "수도 규칙"(Regula Sancti Augustini; 약 397년)을 작성하여 지키게 했다.[73] 성직자 수도원의 형제들은 매일 함께 일했다. 그들은 교회의 필요가 있을 시에 자신의 직임에 따라 기꺼이 도왔다. 또한, 금식일을 제외하고는 하루에 두 번 공동식사를 했다. 그들은 모두 재산을 헌납하고, 독신생활을 했으며, 거룩한 삶을 추구했다. 특히 그들은 식탁에서 다른 사람에 대해 험담하지 않도록 주의했다.

아우구스티누스는 식탁에서의 좋은 대화가 음식보다 훨씬 중요하다고 생각했다. 그는 식탁의 대화에서 많은 명성이 만들어지기도 하고 없어지기도 한다는 사실을 알았다. 그는 식탁에 이렇게 써놓았다. "부재중인 친구의 삶을 조금씩 갉아먹을 수 있다고 생각하는 자는, 이 식탁에 앉을 자격이 없다는 것을 알아야 한다."[74]

또한, 그는 여성들이 수도원에 오지 못하도록 했다. 만일 여인들이 문안 인사 오면 반드시 동료 성직자를 대동하고 만났다.[75] 여성들을 위한 수도원은 따로 만들었는데, 과부가 된 그의 누이가 수도원장이 되었다.[76] 아우구스티누스에게 성직자 수도원의 형제들은 둘도 없는 친구들이었다. 그는 친구들과의 만남을 통해 기운이 북돋아 졌으며, 자신이 사랑받고 있다는 것 그리고 누군가 사랑할 사람이 있다는 것을 중요하게 여겼다. 그는 그들로부터 사랑을 받았으며, 자신을 사랑하는 그들을 사랑했다.[77]

히포 성직자 수도원에서 아우구스티누스의 멘토링은 그가 카시키아쿰 공동체, 타가스테 공동체, 정원 수도원에서 했던 멘토링의 종합을 보여준다. 하지만 성직자들을 대상으로 하기에 분명한 발전과 차별성도 드러난다.[78] 첫째, 아우구스티누스는 매일 성경을 읽고 설교하고 가르쳤다. 그는 형제들에게 어떻게 성경을 해석하고 가르칠 것인지를 설명해 주었다.[79] 아우구스티누스는 사제로 서품받은 직후에 발레리우스에게 요청하여 성경을 공부할 시간을 달라고 필사적으로 부탁했다. 이것은 신학자로서 무장하기 위해서가 아니라, 자기 영혼에 거룩한 '치료

제'를 투여하는 것이 필요했기 때문이다.[80] 브라운에 따르면, 아우구스티누스가 이 시기에 명백하게 열중했던 것은 바울의 적극적인 삶이 주는 교훈들이었다.[81] 자신이 직접 성경 연구를 통해서 교회와 성도의 정체성에 대해 분명한 생각을 가졌기에 아우구스티누스는 수도원의 형제들에게도 성경 연구를 매우 강조했다. 그는 그들이 오직 성경을 통해 가르침 받기를 원했다. 그 자신의 멘토링보다 성경 자체가 주는 멘토링이 더 지속적이고 강력한 힘을 가지고 있음을 알았기 때문이다.

둘째, 아우구스티누스는 형제들에게 지적인 훈련을 시켰다. 당대의 아프리카 교회는 목회자들의 수준이 매우 부실했다. 그들은 성경을 제대로 해석하지 못할 뿐 아니라, 지적인 훈련도 되어 있지 않았다. 그래서 이단들이나 비기독교 지성인들의 공격이 있을 때 매우 취약했다. 이미 암브로시우스나 심플리키아누스를 통해 목회자의 지성적 훈련이 중요하다는 사실을 알았던 아우구스티누스는 형제들에게 지성적 훈련을 강조했다. 하지만 그의 지적 멘토링은 단지 학문적인 교과과정을 가르치는 것이 아니라, 매우 실제적으로 복음과 기독교 진리를 변증할 수 있는 능력을 키워주는 데 역점을 둔 것이었다. 그리하여 그의 형제들은 개인적 독서와 아우구스티누스의 실제적 모범을 통해 신앙을 변호하는 능력을 키우게 되었다. 포시디우스는 아우구스티누스의 설교가 풍부한 이성적 논증과 거룩한 성경의 권위로 지탱되어 있었으며, 특히 도나투스파 및 마니교도와 논쟁할 때 그의 지성은 더욱 빛이 났다고 전한다.[82] 수도원의 형제들은 아우구스티누스의 설교를 듣고 그의 토론을 직접 경청함으로써 기독교 변증과 복음의 옹호를 위한 지적 능력을 쌓아갔다.

셋째, 아우구스티누스는 대화를 통해 멘토링을 실시했다. 이것은 그가 카시키아쿰 공동체에서부터 계속해 오던 일이었다. 그는 특히 식탁에서 진행되는 "탁상 담화"(table talk)를 중요하게 생각했다.[83] 그는 "언제나 하나님에 대한 일이나, 형제적이고 가족적인 분위기에서 권면하거나 대화를 나누는 것에서 즐거움"을 누렸다.[84] 식탁의 대화는 먼저 영적으로 유익한 책을 읽는 것으로 시작되었다. 스미더는 아마도 페르페투아나 펠리키타스와 같은 순교자나 키프리아누스와 같은 성인의 전기를 읽었을 것으로 추측한다.[85] 그리고 그들의 대화는 철학, 신학, 성경에 대한 질문으로 옮겨갔다. 아우구스티누스는 이러한 질문들에 대답하면서 자신의 책을 더욱 정교하게 만들었을 것이다.[86] 식탁에서의 대화는 더 주제를 넓혀서 형제들의 경험이나 실제적인 문제들에 대한 답변으로 넘어가곤 했다. 형제들은 사역을 하면서 생긴 고민들을 아우구스티누스에게 질문했고, 또한 그가 전한 설교나 그가 쓴 책에 대한 질문들도 역시 나눴다.[87] 아우구스티누스는 자신의 설교 중에 어느 부분이 만족스러웠는지 묻곤 했는데, 그러면 형제들은 그의 설교를 다시 떠올리며 "영혼의 구원을 위한 하나님의 신비한 계획에 놀라며 감탄"하곤 했다.[88]

넷째, 아우구스티누스는 훈계와 견책을 통해 형제들을 멘토링 했다. 그는 사람들이 거짓 맹세를 해선 안 된다고 설교했는데, 그것을 어길 경우에 엄하게 다스렸다. 그는 형제들에게 식탁에서조차 맹세하지 못하게 했는데, 형제들 가운데 누가 이 명령을 어기면 자신의 잔을 빼앗겼다. 형제들은 식사에서 잔의 수가 정해져 있어서, 잔을 빼앗기면 음료를 마시지 못하게 되었기 때문이다.[89]

아우구스티누스는 누군가가 규정을 어기거나 올바르고 정직한 규칙을 소홀히 했을 경우 꾸짖었다. 그는 그 누구도 자신의 죄를 변명하느라 악한 말에 마음을 굴복시키지 않도록 가르쳤다(시 141:3 참조).[90] 대표적으로 425-426년, 사제였던 야누아리우스가 자신의 재산을 다 헌납하지 않고 거짓말하여 일부를 빼돌리고자 했을 때, 아우구스티누스는 성직자 수도원에서 생활하던 사람들을 전수 조사하여 그들의 결백성을 드러내고, 356번『설교』에서 그에 대한 모든 사실을 전했다. 그 설교를 보면, 한 사람 한 사람 호명해 가면서 재정 문제에 있어서 그들의 결백성을 보고하고 있음을 알 수 있다. 그는 매우 투명하게 그 문제를 처리했다.

하지만 아우구스티누스가 단지 엄격하기만 한 것은 아니었다. 그는 용서의 중요성을 강조했다. 그는 주기도문에서 용서를 구하는 기도가 가장 중요하다고 가르칠 정도였다.[91] 포시디우스는 그가 용서에 대한 주님의 말씀을 그대로 가르쳤다고 설명한다.[92]

다섯째, 그는 스스로 하나님 사랑과 이웃 사랑의 모범을 보임으로써 형제들에게 영향을 끼쳤다. 그는 속기사 야누아리우스에게 보낸 편지에서 이렇게 말한다.

그리스도의 이름 안에 있는 내 소망은 헛되지 않다네. 왜냐하면 나는 내 하나님으로 인하여 이 두 계명에 전체 율법과 선지자가 달려있다고 믿을 뿐 아니라, 또한 그것을 경험했기 때문이지. 사실 나는 성경의 그 어떤 신비나 아주 모호한 말씀도 이 두 계명을 찾지 않는다면 분명해지지 않는다는 사실을 매일 경험한다네. 이 명령들의 목적은 순결한 마음과 선한 양심과 거짓 없는 믿음과 함께 하는 사랑이기 때문이지. 그리고 사랑은 율법의 완성이기 때문이라네(딤전 1:5; 롬 13:10 참조).[93]

아우구스티누스가 작성한 "수도 규칙"의 제1항목도 "가장 사랑하는 형제들이여, 하나님을 모든 것보다 더 사랑하십시오. 그리고 이웃들도 그러해야 합니다. 이것들이 우리들에게 가장 주요한 계명들로서 주어졌기 때문입니다."라고 되어 있다.[94] 아우구스티누스는 사랑의 신학자이다. 에티엔느 질송(Etienne Gilson)은 "그러므로 우리가 '그 학설은 애덕과 더불어 조직되어 가는 정도에 따라 그것이 아우구스티누스적이다.'라고 한다면 아우구스티누스 자신의 생각을 잘 표현한 것이 될 것이다."라고 말했다.[95]

사랑의 실천에 있어서 아우구스티누스는 스스로 모범을 보여주었다. 그는 언제나 방문을 열어놓고 다른 사람들을 환대했다. 멀리서 그리고 가까이서 그를 만나기 위해 수많은 사람이 왔지만 그는 누구도 마다하지 않았다.[96] 그의 환대는 때로 악한 사람들과의 접촉의 위험을 야기했다. 하지만 그는 형제였다가 395년 키르타(Cirta)의 주교로 임명된 프로푸투루스(Profuturus)에게 이렇게 편지를 보냈다. "잘 모르는 손님을 받으면서도 아무튼 우리는 이렇게 말합니다. 모르고 좋은 사람을 돌려보내느니, 악한 사람을 참아내는 일이 훨씬 더 낫다고 말이죠."[97]

여섯째, 아우구스티누스는 다른 사람들에게 일을 위임해 맡기면서 멘토링을 실시했다. 그는 자신의 장점과 약점을 잘 알고 있었다. 장점은 글을 써서 형제들과 교회에 유익을 끼치는 일이었다. 단점은 행정과 재산 관리였다. 그는 장점에 집중하기 위하여 자기가 약한 부분은 과감하게 다른 사람에게 일임했다.[98] 가령, 모든 재산 관리는 더 유능한 성직자들이 차례로 돌아가며 맡아보도록 위임했다. 그는 스스로 열쇠를 지니지도 않았고, 손에 인장 반지를 끼지도 않았다. 재정 담당자들이 모든 수입과 지출을 기록하였는데, 연말에 1회 결산을 보고하도록 했다. 하지만 명백한 자료로 검증하기보다는 많은 부분 담당자의 말을 믿고 결산을 승인하는 식이었다. 대신 1년에 한 번씩 담당자를 교체하여 부정이 없게 했다.[99]

아우구스티누스는 집이나 임야나 별장을 사려고 한 적이 결코 없었다. 하지만 누가 자발적으로 그런 것들을 교회에 기증하거나 예탁 형식으로 맡기면 거절하지 않고 수락했다.[100] 하지만 어떤 유산들은 사양했는데, 예를 들어 아직 어린 자녀들이 있는데 세상을 떠난 사람의 유산은 다 받지 않고 일부만 기증받았다.[101] 또한, 망자가 죽으면서 재산을 상속해 주기를 원치 않았던 가족이나 친척이 있는 경우, 그들에게 유산이 귀속되어야 옳고 공평하다고 여겨지면 망자의 유산을 기증받

지 않았다.[102]

마지막 일곱 번째로, 아우구스티누스는 수도원 형제 중에 선발한 사람들을 다른 지역 교회로 파송했다. 이것은 오늘날로 치자면 일종의 교회 개척이나 보다 나은 교회 건설을 위해서 목회자를 파송하는 일과 유사하다. 아우구스티누스는 단지 히포뿐만 아니라 아프리카 교회 전체에 관심이 많았다. 그의 꿈은 아프리카 교회 전체가 복음 안에서 일치되고, 거룩한 말씀으로 충만해지는 것이었다. 그래서 그는 여러 지역으로 자신의 형제들을 파송했다. 이에 대해서 포시디우스는 이렇게 적고 있다.

> [3] 사실 복되신 아우구스티누스께서는 요청에 따라, 수행과 학식에 뛰어난 거룩하고도 존경할 만한 사람 열 분 정도를 매우 중요한 교회를 비롯하여 여러 곳에 보내 주셨는데, 나도 이분들을 알고 지냈다. [4] 이들 역시 그 거룩한 삶의 방식으로부터 여러 곳에 퍼진 주님의 교회들로 가면서 수도원들을 세웠다. 그리고 하나님 말씀으로 (교회를) 건설하려는 열망이 커나감에 따라, 사제직을 받을 형제들을 준비시켜 뒷날 다른 교회들의 우두머리가 될 수 있도록 했다. [5] 그래서 교회 안에서 이루어진 믿음과 희망과 사랑에 관한 구원의 가르침이 많은 이를 통하여 그리고 많은 이 안에서 아프리카 전 지역뿐 아니라 바다 건너 지방까지 널리 알려지게 되었다.[103]

아우구스티누스가 파송한 약 10명의 주교는 아래와 같다. 먼저, 394

년에 정원 수도원을 떠나 타가스테의 주교가 된 알리피우스가 있다.[104] 395년에 키르타의 주교가 된 프로푸투루스가 있다. 397년에 밀레부스(Milevus)의 주교가 된 세베루스가 있다. 400년에 칼라마(Calama)의 주교가 된 포시디우스가 있다. 401년에 우잘리스의 주교가 된 에보디우스가 있다. 테나이(Thenae)의 부제가 된 페레그리누스(Peregrinus)가 있다. 시카(Sicca)의 주교가 된 우르바누스(Urbanus)가 있다. 그리고 카타쿠아(Cataqua)의 주교가 된 파울루스가 있다. 푸살라(Fussala)의 주교가 된 안토니누스(Antoninus)가 있다. 그리고 세르빌리우스(Servilius)와 프리바투스(Privatus)도 있다.[105]

이들이 모두 건재했던 것은 아니었다. 그들 중에 절반만 오랫동안 성공적으로 사역했다. 프로푸투루스, 세르빌리우스, 프리바투스는 세상을 일찍 떠났다. 파울루스와 안토니누스는 부도덕한 행동으로 폐위되었다.[106] 아우구스티누스는 특히 안토니누스를 성급하게 푸살라의 주교로 보낸 것을 후회했다.[107] 하지만 다른 주교들은 매우 성공적으로 사역을 수행했다. 알리피우스는 타가스테에서 2개의 수도원을 더 만들었다. 우잘리스의 주교가 되기 전에, 에보디우스도 역시 카르타고에서 수도원 건립에 관여했다. 정원 수도원에서도 2개의 수도원이 더 생겨났는데, 하나는 여성들을 위한 것이고, 다른 하나는 평신도 수도사들을 위한 것이었다. 학자들은 5세기 말경에 북아프리카에는 38개의 수도원이 존재했을 것으로 추정한다. 그들 중에는 아우구스티누스의 "형제들"이 직접 세운 것도 있고 그렇지 않은 것도 있었겠지만, 모두 다 아우구스

티누스의 영향을 받았음이 틀림없다.[108]

제자, 동료, 종으로 살기 원했던 멘토, 아우구스티누스

386년에 회심한 이후 아우구스티누스는 항상 공동체 속에서 살면서 그들을 멘토링 했다. 카시키아쿰 공동체, 타가스테 공동체, 히포의 정원 수도원, 히포의 성직자 수도원에서 그가 수행한 멘토링의 목적과 방법은 조금씩 달랐지만, 다음과 같은 공통점이 있었다.

첫째, 아우구스티누스는 지혜와 경건을 배워가면서 그것을 다른 사람들에게 전수했다. 아우구스티누스는 수도적인 삶에 있어서 스스로 모범을 보였다. 그는 기도와 말씀 묵상에 늘 힘썼다. 또한, 그는 항상 배우고자 하는 태도를 가지고 다른 사람을 가르쳤다. 그는 모르는 것이 있으면 언제든지 자신보다 더 잘 아는 사람에게 물었다. 그가 히에로니무스에게 보낸 편지들이 그것을 증명해 준다.[109] 아우구스티누스는 저술을 통해서 계속 자신을 발전시켜 나갔다. 그는 "발전하기 때문에 쓰고, 쓰기 때문에 발전하는 사람"이 되고자 했다.[110] 『삼위일체론』과 『신국론』은 아우구스티누스가 저술을 통해서 생각을 더욱 발전시킨 대표적인 작품이다. 포시디우스는 아우구스티누스가 인생의 마지막까지 저술에 힘썼다고 기록한다.[111]

둘째, 아우구스티누스는 겸손함을 통해서 멘토링을 실천했다. 아우구스티누스는 한 설교에서 이렇게 말했다. "당신들을 위해서 저는 주교이지만, 당신들과 함께 저는 기독교인입니다."[112] 그는 목회직을 수행하는 데 있어서 가장 필요한 덕목은 겸손이라고 생각했다. 한편으로 아우구스티누스는 단호한 권위의 인물로서 자신의 역할을 엄격하게 수행했다. "어쩔 수 없이 떠맡게 된 비뚤어지고 뒤틀린 사람들을, 모든 열성과 인내심을 쏟아부어도 허사인 그런 사람들을 똑바로 세워야 합니다."[113] 하지만 다른 한편으로 그는 자신이 멘토링 하는 사람들과 목회하는 사람들을 결코 경멸하지 않고 도리어 그들을 사랑으로 섬겼다. "그대가 교정할 수 없으면, 반드시 참아야 합니다. 그대가 교정할 수 없는 사람도 여전히 그대의 사람입니다. 동료 인간으로서든, 흔히 그렇듯 교회의 구성원으로서든 그 사람은 내부에 있습니다."[114] 이렇게 그는 멘토링의 어려운 길을 선택했고 끝까지 그것을 고수했기에, 로마 군사가 등에 무거운 짐을 지고 가듯이 주교직이라는 무거운 "군장"(sarcina)을 지고 산다고 말할 정도였다.[115]

셋째, 아우구스티누스는 스스로 종의 모범을 보임으로써 형제들에게 영향을 끼치고자 했다. 『시편 강해』에서 그는 이렇게 말한다. "따라서 형제들이여, 이 모든 충격적인 상황에서 오직 한 가지 치료책만이 있을 뿐입니다. 여러분의 형제를 비난하지 마십시오. 여러분 스스로 그가 이렇게 되었으면 좋겠다고 여기는 그런 존재가 되도록 겸손히 노력하십시오. 그러면 그가 여러분의 모습과 다르다고 생각하지 않게 될 것입니다."[116] 아우구스티누스는 멘토로서 군림하는 자세가 아니라 다른 사람과 자연스럽게 어울리는 태도를 취했다. 한 편지에서 그는 "나는 책임자라기보다는 돕는 자입니다."라고 썼다.[117] 그는 다른 주교들을 "동료 주교"라고 불렀다.[118] 그리고 자신을 "그리스도의 종이며, 그리스도로 말미암아 다른 종들의 종이 된 자"라고 표현했다.[119] 그리고 그는 실제로 그렇게 살았다.

아우구스티누스는 멘토였지만, 스스로 배우는 제자, 형제들의 동료, 그리스도의 신실한 종으로 살면서 지혜와 경건을 다른 사람에게 전달하길 원했다. 그의 영향력이 1,600년이 지난 지금도 우리에게 전해지는 이유가 바로 거기에 있을 것이다.

섬김으로 멘토링하기

- 생명이 생명을 낳는 생명공동체 -

EARLY CHURCH

섬김으로 멘토링하기

- 생명이 생명을 낳는 생명공동체 -

김석홍 목사 (향상교회)

1. 다시, 교회의 본질을 묻다

성경은 교회가 그리스도의 몸이라고 말합니다. "교회는 그의 몸이니 만물 안에서 만물을 충만하게 하시는 이의 충만함이니라(엡 1:23)" 여기서 '몸'은 머리이신 그리스도께서 부여하신 생명으로 살아있는 유기체적 성격을 띠고 있습니다. 유기체(有機體)는 영어로 'organism'이라고 하는데 자신 안에 자신과 똑같은 존재를 만들어낼 수 있는 생명력이 내재(內在)되어 있다는 점, 자신을 형성하는 다양한 생명의 요소들이 자신 안에서 상호작용한다는 점을 특징으로 합니다. 비슷한 영어 단어로

'organization'이 있는데 우리말로 '조직'으로 번역할 수 있겠습니다. 조직은 일정한 목적 또는 의사를 달성하기 위해 사람들이 모인 것인데, 생명을 가진 사람들이 모인 것임에도 불구하고 조직 자체를 생명체나 유기체라고 부르지는 않습니다. 군이 어감을 따지자면 조직(organization)은 무기체(無機體)와 가깝기 때문이 아닐까 싶습니다.

그리스도께서 이 땅에 세우신 교회는 '생명 공동체'입니다. 그리스도의 몸으로서의 교회는 그리스도의 생명을 그 안에 담고 있고, 그 생명의 요소들이 안에서 서로 작용하는 유기체(有機體, organism)입니다. 단순한 조직(organization)이 아니기 때문에 정상적인 교회는 반드시 성장하게 되어 있습니다. 내재되어 있는 생명력(生命力)이 발현되기 때문입니다.

그런데 이때의 성장은 한 개체교회의 몸집이 커지는 '대형교회'로의 성장이 아니라, 유기체로서의 교회 수(數)가 많아지는 '교회 숲'으로의 성장임을 기억할 필요가 있습니다. 살아있는 모든 유기체는 자신에게 적합한 크기가 있습니다. 일정 부분까지만 자라고 더 이상은 자라지 않습니다. 그 대신 자신과 꼭 닮은 다른 개체를 만들어 냅니다.

교회도 마찬가지입니다. 교회가 성장하면 할수록 교회 수가 많아지는 것이 정상입니다. 교회의 수가 많아지지 않고 한 교회가 공룡처럼 자기 몸집만 부풀리는 식으로 성장하는 것은 위험합니다. 그것은 건강한 것이 아니라 병든 것입니다. 한국 교회 전체의 문제는 아닐지 모르겠으나 일부 목회자와 교인들이 지나치게 대형교회를 추구하는 현상은 위

험신호입니다. 이미 병들었거나 곧 병들 수 있다는 위험을 알리는 빨간
불이 들어온 것으로 봐야 합니다.

2. '모이는 교회'를 넘어 '흩어지는 교회'로

필자는 코로나 바이러스 전염병 사태가 모이기만 좋아하는 한국 교
회를 강제로 흩어버리시는 하나님의 채찍질이 아닌가 생각합니다. 교
회의 본질 가운데 하나는 '모이는' 것입니다. 마가의 다락방에 모여 기
도하던 제자 공동체 위에 성령께서 강림하심으로 교회가 시작되었습
니다(행 2:1-4). 교회는 하나님께서 당신의 백성들을 세상 가운데서 불러
모으셨기 때문에 시작될 수 있었습니다.

그러나 모이는 것을 넘어 '흩어지는' 것도 빼놓을 수 없는 교회의 중
요한 본질입니다. 초대 예루살렘 교회는 모이자마자 흩어졌습니다. 성
령의 권능을 덧입은 제자들은 흩어져 예루살렘 거리와 골목마다 다니
며 "너희가 십자가에 못 박은 이 예수가 부활하셨고, 그분이 바로 우리
의 주님이시다!"라고 외치며 복음을 선포했습니다. 하나님은 모여 있
던 예루살렘 교회에 박해를 허락하셔서 당신의 백성들을 흩어버리셨
습니다(행 8:1). 교회가 흩어진 결과 온 유대와 사마리아에 복음이 전해
졌고, 복음은 하나님의 백성들의 흩어짐을 통해 계속해서 아시아로, 유
럽으로, 온 열방으로 전해져 오늘 한국 교회에까지 믿음의 유산이 전

수되었습니다.

코로나19 사태로 교회는 모이고 싶어도 모일 수가 없게 되었습니다. 적정 수준 이상으로 모이는 것이 이제는 지역사회에 심각한 위험 요소로 인식되는 지경입니다. 그런데, 만약 이것이 하나님께서 모여 있던 한국 교회를 강제로 흩어버리신 결과라면 어찌할까요? 이참에 우리는 건강한 '교회 숲'을 이루기보다는 '대형교회'의 유혹에 적당히 타협하며 '모이기'에만 힘썼던 과오를 반성해야 합니다. "교회는 그의 몸이니 만물 안에서 만물을 충만하게 하시는 이의 충만함이니라(엡 1:23)" 코로나19 재난을 계기로 삼아 교회에 내재되어 있는 그리스도의 생명 에너지를 교회 바깥으로 흘려보내는 '흩어지기' 운동을 새롭게 펼쳐나가야 합니다. 그렇게 흩어지라고 해도 흩어지지 않던 교인들이 지금은 모일 수가 없게 되었습니다. 흩어질 수 있는 절호의 기회가 온 것입니다. 외부의 힘에 의해 억지로 흩어지기보다는 교회에 내재된 그리스도의 생명을 가지고 자발적으로 기쁘게 흩어질 수 있다면 우리 앞에 아름다운 교회 숲이 이루어지지 않을까요? 교회 숲이 지역사회를 더욱 건강하고 아름답게 가꾸어 나가는 선한 영향력을 회복하는 것이야말로 코로나 시대에 하나님께서 우리에게 주신 중요한 사명 가운데 하나가 아닐까요?

3. 흩어지는 교회 연습하기

(1) 교회분립 개척

어떻게 하면 잘 흩어질 수 있을까요? 효과적이고 건강한 방법 가운데 하나가 교회 분립 개척입니다. 제가 섬기는 향상교회는 2017년 정책 당회를 통해 주일예배 2천 명이 출석하는 큰 교회 하나 보다, 500명 출석하는 더 작은 교회 네 개가 훨씬 더 성경적이고 건강한 교회 상이라고 진단했습니다. 그리고 그 정책 당회 때 바로, 지난 2011년에 용인 흥덕 지구에 분립 개척한 흥덕 향상교회 다음으로 새로운 교회를 분립 개척하기로 결의했고, 결과적으로 2019년 12월 마지막 주일에 목사 1명, 강도사 1명, 전도사 1명, 장로 8명 포함 237명의 성도(자녀 포함)를 파송하여 '드림 향상교회'를 세웠습니다. 그 이후 약 1년 반 정도 '한 지붕 두 교회' 시기를 보내며 분립 교회를 위한 예배당을 짓고 실제적인 분립에 필요한 제반 사항을 충분한 시간에 걸쳐 준비하다가, 드디어 2020년 7월 5일에 드림 향상교회 입당예배를 드림으로 모든 분립 과정을 마무리했습니다. 처음에 목표로 세웠던 500명 이상의 성도가 출석하는 교회를 세우지는 못했지만 앞으로 드림 향상교회가 그만큼 성장하면서 또 하나의 교회를 분립 개척하는 날이 오리라 기대합니다. 향상교회는 코로나 상황에도 불구하고 앞으로도 계속해서 교회의 역량을 비축해나가 교회를 분립하여 세워나가는 일에 힘쓸 것입니다. 시간이 지날수록 아름다운 교회 숲이 가꾸어지리라 확신합니다.

(2) 지역 교회와의 동역

교회가 잘 흩어지는 또 하나의 방법은 지역사회에 이미 세워져 있는 교회와 동역하는 것입니다. 좋은 뜻이라 해도 향상교회가 교회 분립 개척만 계속하고 같은 지역의 이웃 교회를 돌아보지 않는다면 오히려 교회 분립 개척 사역이 이웃 교회를 더 어렵게 만드는 결과를 초래할 수도 있지 않겠습니까? 좀 더 재정적인 여력이 있는 교회가 재정이 어려운 미자립 교회를 돕는 것은 당연한 일입니다. 교회 숲을 이루기 위해서는 상식적인 일이 되어야 합니다. 가진 재정을 나누어 이웃 미자립 교회의 교역자 생활비를 지원하고, 자녀 학자금도 후원할 수 있다면 큰 도움이 될 것입니다. 미자립 교회일수록 주일학교 교육 환경이 열악합니다. 우선 주일학교 교육을 담당할 교역자나 교사가 없기 때문에 좀 더 여력이 있는 교회가 주일학교 교역자나 교사를 파송하는 것도 의미 있는 사역이 될 수 있다고 생각합니다.[1]

요즘과 같은 코로나 재난의 시기에는 인적 물적 자원에 여력이 있는 큰 교회들은 어느 정도 버틸 수 있을지 모르지만, 동네의 작은 교회들은 문을 닫게 되는 경우도 많이 발생할 것입니다. 이럴 때 혼자 달려가지 말고, 큰 교회 작은 교회들이 손을 잡고 서로 도와 가며 함께 달려갈 수 있다면 얼마나 좋을까요? 이렇게 해서 이루어지는 아름다운 '교회 숲'은 그 자체로 하나님을 모르는 사람들에게 살아계신 하나님을 증거하는 강력한 복음의 메시지가 될 줄 믿습니다.

(3) '생활신앙'의 생활화

모이는 교회를 넘어 흩어지는 교회로 변화되는 또 하나의 중요한 방법은 주일 예배의 경계를 넘어가는 '생활신앙'을 말 그대로 생활화(生活化)하는 것입니다. 오늘날 한국 교회의 절대다수 신자들은 일주일에 한 번 드리는 주일 예배가 신앙생활의 전부인 것처럼 여깁니다. 모이는 교회에만 머물고 있는 것입니다.

그러나 하나님의 말씀은 모여서 듣기만 하면 안 되고 흩어져서 실천해야 합니다. 그래야 하나님 나라를 모래 위가 아닌 반석 위에 세울 수 있습니다(마 7:24-27). 말씀을 실천하는 현장은 말씀을 들은 신자 한 사람 한 사람의 일상(日常)입니다. '하나님의 말씀을 가슴에 품은 신자 한 사람 한 사람의 일상(日常)'을 우리는 '흩어지는 교회'라고 부를 수 있겠습니다. "우릴 부르신 삶의 자리에서 교회여 일어나라~"라는 찬양 가사처럼, 우리 각자가 '모이는 교회'에서 들은 말씀을 '흩어지는 교회'에서 실천하며 살아낼 때, 하나님의 말씀은 백 배, 육십 배, 삼십 배 열매를 맺으며 영혼을 구원하고 제자를 만들어내는 하나님 나라로 우뚝 세워질 것입니다.

4. 흩어지는 교회를 섬김으로 멘토링하기

(1) 모이는 교회와 흩어지는 교회를 연결하는 소그룹 모임

교회마다 강조하는 소그룹 모임은 모이는 교회와 흩어지는 교회의 중간 지점에서 중요한 의미를 지닙니다. 신앙생활은 혼자 하는 것이 아니고, 할 수도 없습니다. 삼위 하나님의 형상으로 지음 받았고, 지금도 다스림을 받고 있는 우리는 모여서 하나가 되어야 합니다. 그래야 세상을 향해 더 잘 흩어질 수 있습니다. 이런 점에서 너무 많은 사람이 한꺼번에 모이는 주일 예배는 모임과 흩어짐의 중간 매개 역할을 감당하기 어렵습니다. 서너 가정이 모이는 소그룹 모임(구역, 목장, 다락방, 셀 등)이 적당합니다. 정기적으로 소그룹으로 '모여서' 하나님의 말씀을 어떻게 들었는지, 그리고 한 주간 어떻게 살아내었는지를 나누며 각자 '삶의 변화'를 공유해 나갈 때, 바로 거기에서부터 세상을 향해 '흩어지는' 힘도 얻을 수 있습니다. 정기적인 소그룹 모임은 마치 고속도로의 휴게소와 주유소 같은 역할을 합니다. 휴게소와 주유소 때문에 우리는 목적지까지 안전하게, 효과적으로 잘 달릴 수 있습니다.

지금은 코로나 재난 상황 속에서 주일 예배로 모이는 것뿐만 아니라 소그룹으로 모이는 것도 많은 어려움을 겪고 있습니다. 그러나 각자 자신과 가족의 건강을 잘 관리해나가면서 소그룹 구성원끼리의 일대일 만남, 소그룹 리더 가정이 한 가정씩 돌아가면서 만남을 이어가는 등의 노력을 이어가는 것은 이런 위기의 때에 교회의 생명력을 유지하는 중요한 통로가 될 수 있습니다. 코로나 때문에 어렵다고 모이는 것을 아예 중단해 버리면 복음의 불씨, 생명의 불씨마저 꺼트릴 위험이 있습니다. 이미 꺼진 불씨를 되살리는 것은 더 어려운 일이 될 것입니다. 이런 위기의 때일수록 탑다운(top-down) 방식의 목회자 리더십보다는 바텀업(bottom-up) 방식의 평신도 리더십이 빛을 발할 수 있습니다. 평신도 리더가 평신도 목회자가 되어 각자의 '모이는 교회'를 지켜내기 힘쓸 때, 교회는 이 위기를 이겨내고 잘 '흩어지는 교회'로 더 성장할 수 있을 것입니다. 나아가 재난으로 고통받고 있는 이 세상을 치유하고 회복시키는 참된 그리스도의 몸으로 귀하게 쓰임 받게 될 것입니다.

(2) 소그룹 리더를 평신도 목회자로 세우는 섬김의 멘토링

성경은 교회가 그리스도의 몸이라고 말합니다. "교회는 그의 몸이니 만물 안에서 만물을 충만하게 하시는 이의 충만함이니라(엡 1:23)". 그리스도의 몸으로서의 교회를 세우는 주체는 누구인가요? 신학교육을 받고 임직된 전문 목회자입니까? 아니면 일반 성도들입니까? 에베소서 4장 11-12절은 이 물음에 대해 분명한 대답을 준다.

> [11]그가 어떤 사람은 사도로, 어떤 사람은 선지자로, 어떤 사람은 복음 전하는 자로, 어떤 사람은 목사와 교사로 삼으셨으니 [12]이는 성도를 온전하게 하여 봉사의 일을 하게 하며 그리스도의

몸을 세우려 하심이라 (엡 4:11-12)

이 말씀은 성도를 온전하게 하는 주체가 11절에 언급된 전문 목회자들이고, 봉사의 일을 하며 그리스도의 몸을 세우는 주체는 성도라는 사실을 분명하게 보여줍니다. 이것은 사도행전 6장에 나오는 초대 예루살렘 교회의 사례를 봐도 분명합니다.

[1]그 때에 제자가 더 많아졌는데 헬라파 유대인들이 자기의 과부들이 매일의 구제에 빠지므로 히브리파 사람을 원망하니 [2]열두 사도가 모든 제자를 불러 이르되 우리가 하나님의 말씀을 제쳐 놓고 접대를 일삼는 것이 마땅하지 아니하니 [3]형제들아 너희 가운데서 성령과 지혜가 충만하여 칭찬 받는 사람 일곱을 택하라 우리가 이 일을 그들에게 맡기고 [4]우리는 오로지 기도하는 일과 말씀 사역에 힘쓰리라 하니 [5]온 무리가 이 말을 기뻐하여 믿음과 성령이 충만한 사람 스데반과 또 빌립과 브로고로와 니가노르와 디몬과 바메나와 유대교에 입교했던 안디옥 사람 니골라를 택하여 [6]사도들 앞에 세우니 사도들이 기도하고 그들에게 안수하니라 [7]하나님의 말씀이 점점 왕성하여 예루살렘에 있는 제자의 수가 더 심히 많아지고 허다한 제사장의 무리도 이 도에 복종하니라 (행 6:1-7)

예루살렘 교회를 이끌고 있던 사도들은 봉사의 일을 직접 하느라 말씀과 기도에 힘을 쏟을 수가 없었습니다. 그래서 어떻게 했습니까?

스데반을 비롯한 일곱 집사들을 평신도 지도자로 세우고 자신들은 소홀히 했던 말씀과 기도에 다시 힘을 쏟았습니다. 그랬더니 예루살렘 교회가 위기를 극복하고 부흥 성장할 수 있었습니다.

『제2의 종교개혁』이라는 책에서 저자인 빌 벡햄 박사가 이런 말을 했습니다. "사탄이 교인들의 대부분을 고객으로 만들고, 소수의 봉사자들이 그들에게 서비스를 제공하는 일로 탈진하게 만듦으로써 교회를 무력화시켰다."[2] 그의 말이 맞습니다. 20%의 교인들이 80%의 고객 교인들을 섬기느라 지쳐있는 것이 오늘날 교회의 현실입니다. 많은 교인들이 자신이 바로 몸 된 교회의 지체이며, 따라서 공동체를 위한 봉사자라는 사실을 잊어버리고 있습니다. 그리고 스스로 고객이 되어 교회로부터 질 높고 품위 있는 서비스만 기대합니다. 우리가 섬기는 교회만큼은 20%의 교인들이 80%의 고객 교인들을 섬기느라 점점 지쳐가는 교회가 되지 않기를 바랍니다. 오히려 80%의 평신도 사역자들이 20%의 고객(?) 교인들, 아직 예수님을 모르는 VIP들을 섬기면서 행복해하는 교회가 되기를 바랍니다.

목회자와 평신도 사이에 성경적인 사역 분담이 이루어져서 목회자들이 더욱더 말씀과 기도에 전념할 수 있게 되기를 바랍니다. 한국 교회의 위기는 말씀의 위기이고, 지도자의 위기입니다. 그러므로 성경적인 사역 분담이 제대로 이루어지는 것은, 그래서 목회자들이 말씀과 기도의 능력을 다시 회복하는 것은 개인의 문제가 아니라 한국 교회를 다시 새롭게 하는 개혁의 첩경이 될 것입니다.

이 대목에서 우리는 교회를 세우는 일에 있어서 멘토링의 중요성을 확인할 수 있습니다. 봉사의 일을 하며 그리스도의 몸을 세우는(교회를 세우는) 주체인 성도를 온전하게 하는 일, 이것을 흔히 목회라고 하는데 목회를 다른 말로 멘토링이라고 부를 수 있을 것입니다. 오늘날 각 지역 교회를 섬기는 목회자들이 멘토링을 통해서 성도들을 온전하게 세우는 일은 너무나도 중요한 일입니다. 멘토링이 중요한 만큼 그 방법 또한 성경적이어야 합니다. 교회의 머리이신 그리스도께서는 제자들을 어떻게 멘토링 하셨을까요? 우리는 마가복음 3장 13-15절에서 예수 그리스도의 멘토링에 관한 중요한 원리 한 가지를 발견할 수 있습니다.

> [13]또 산에 오르사 자기가 원하는 자들을 부르시니 나아온지라 [14]이에 열둘을 세우셨으니 이는 자기와 함께 있게 하시고 또 보내사 전도도 하며 [15]귀신을 내쫓는 권능도 가지게 하려 하심이러라 (막 3:13-15)

예수님께서 열두 제자를 부르시는 장면입니다. 예수님은 제자들을 파송해서 복음을 전하고 귀신을 내쫓고 병도 고치게 하고 싶으셔서 열두 명의 제자를 특별히 뽑아서 멘토링을 하셨습니다. 14절에 예수님의 멘토링 방식을 한마디로 표현한 구절이 나옵니다. "이는 자기와 함께 있게 하시고 …" 예수님의 멘토링 방식의 핵심은 아주 단순했습니다. 단순히 가르치기보다는 예수님과 함께 있게 하시면서 예수님을 보고 배우게 하는 방식이었습니다. 예수님과 함께 머물면서 예수님이 말씀

하시는 것, 예수님이 행동하시는 것을 그대로 보고 배우게 했습니다. 그래서 따로 제자훈련을 위한 교실이 필요하지 않았습니다. 예수님께서 머무시는 곳, 다니시는 곳, 사람들을 만나는 현장이 전부 제자 훈련 실습장이었습니다. 제자들은 예수님으로부터 단순히 지식만 전달받기보다는 예수님께서 가르치시고 전파하시며 고치시는(마 4:3-25) 현장에서 보고 배우면서 제자로 훈련받으며 성장해 갔습니다. 이런 점에서 우리는, 예수님과 함께 교제하는 것(Being with Christ)이 예수님을 위해 사역하는 것(Doing for Christ)보다 우선되어야 한다는 멘토링의 원리를 생각해 볼 수 있습니다.

예수님은 요한복음 13장 15절에서 당신의 멘토링 방식을 이렇게 표현하셨습니다. "내가 너희에게 행한 것 같이 너희도 행하게 하려 하여 본을 보였노라(요 13:15)" 우리는 이 말씀이 예수님께서 제자들의 발을 씻어주신 다음에 하신 말씀이라는 사실을 기억해야 합니다. '섬김의 멘토링'이라는 말은 바로 여기에서 나왔습니다. 제자 중의 제자라고 할 수 있는 바울 사도도 고린도교회 성도들에게 이렇게 말했습니다. "내가 그리스도를 본받는 자가 된 것 같이 너희는 나를 본받는 자가 되라(고전 11:1)" 나는 그리스도를 본받고, 나의 제자는 나를 본받는다면, 결국 나의 제자는 누구를 본받는 것이 되겠습니까? 바로 그리스도를 본받는 것이 되지 않겠습니까? 이것이 바로 성경적인 멘토링 방식의 핵심입니다.

우리는 교회에서 "사람 보고 다니지 말고 예수님만 바라보고 교회

다니라"라는 말을 종종 듣습니다. 반은 맞고 반은 틀린 말이라고 생각합니다. 예수님의 참된 제자가 되고 싶은 사람이라면 "나를 보고 배우세요!"라고 당당하게 이렇게 말할 수 있어야 하겠습니다.

어릴 때 주일학교를 잘 나오던 자녀들이 고등학교만 졸업하면 왜 그렇게 많이 교회를 떠날까요? 교회에서 목사, 장로들로부터 좋은 모습을 보지 못했고, 가정에서 부모로부터 좋은 모습을 보지 못했기 때문입니다. 성경 말씀을 머리로는 달달 외우지만 실제로는 잘 실천하지 않는 위선적인 부모와 목사와 장로 때문에 자녀들이 교회를 떠나고 있습니다. "예수님을 보고 배우세요!"라고 말해주는 사람은 있지만, "나를 보고 배우라!"라는 사람이 없기 때문에 교회를 떠나는 것입니다. 교실 안에서만, 머리로만, 지식으로만 멘토링을 하고 있다 보니까 이런 일이 벌어지는 것입니다.

제자는 교실이 아니라 현장에서 만들어집니다. 한번 생각해 봅시다. 임신, 출산, 육아의 박사학위를 소지하고 있지만 실제로 애를 낳아본 적이 없는 사람과, 박사학위는 하나도 없지만 실제로 애를 낳아서 기르고 있는 엄마가 있다고 할 때, 둘 중에 누가 임신, 출산, 육아의 전문가이겠습니까? 박사학위 소지자일까요 엄마일까요? 한국교회의 제자훈련은 지금 박사학위 소지자를 만들어내는 것이 목표인가요? 생명을 낳아서 기르는 엄마, 다시 말해 진짜 제자를 만들어내는 것이 목표인가요?

한국교회는 지난 수십 년 동안 교실 안에서만, 교회 안에서만 이루어졌던 제자훈련, 성경공부 위주의 제자훈련이 만들어낸 폐단과 부작용 때문에 몸살을 앓고 있습니다. 예수님께서 제자훈련하실 때 특히 강조하셨던 세상의 빛과 소금이 되라고 하신 말씀의 의미가 점점 퇴색되고 있습니다. 제자훈련을 통해서 기독교 교리의 전문가들은 많이 만들어내고 있지만, 기독교 윤리를 실천하는 참된 제자들은 찾아보기가 쉽지 않습니다. 지금 한국교회의 모습은 교리는 살아있으나 윤리는 죽어있는 것 같습니다. 신앙생활의 모양은 있지만 능력은 잃어버린 것 같습니다. 어떻게 하면 이런 상황을 반전시킬 수 있을까요?

필자는 교회의 소그룹 리더 멘토링에 소망이 있다고 생각합니다. 소그룹 리더는 봉사의 일을 하며 그리스도의 몸을 세우는 주체로서 평신도 목회자입니다(엡 4:12). 소그룹 리더는 모이는 교회와 흩어지는 교회를 연결해 주는 소그룹 구성원들을 예수님께 배운 방법으로 멘토링하는 평신도 목회자입니다. 예수님의 멘토링 목적은 한 마디로 '섬김'에 있습니다.

> 42예수께서 불러다가 이르시되 이방인의 집권자들이 그들을 임의로 주관하고 그 고관들이 그들에게 권세를 부리는 줄을 너희가 알거니와 43너희 중에는 그렇지 않을지니 너희 중에 누구든지 크고자 하는 자는 너희를 섬기는 자가 되고 44너희 중에 누구든지 으뜸이 되고자 하는 자는 모든 사람의 종이 되어야 하리라 45인자가 온 것은 섬김을 받으려 함이 아니라 도리어 섬기려 하고 자기 목숨을 많은 사람의 대속물로 주려 함이

니라 (막 10:42-45)

　예수님께서 이 세상에 오신 것은 죄로 인해 죽어있던 우리를 구원하시기 위해서입니다. 예수님께서 우리를 구원하시기 위해서 하신 일의 핵심은 한 마디로 '섬김'입니다. 예수님의 섬김 때문에 우리가 죽지 않고 살아났고 새로운 생명을 얻었습니다. 이처럼 섬김의 목적은 사람을 살리는 것입니다. 예수님께서 이 세상에 오신 목적이 섬김이었다면 우리 인생의 목적도 당연히 섬김이 되어야 하지 않겠습니까? 예수님께서 우리를 위해 이 세상에서의 삶을 사셨듯이, 우리도 다른 사람을 위해, 이웃을 위해 섬김의 삶을 살아야 합니다.

　교회에서 하는 성경공부가 중요하지만 교실 강의로만 머물면 안 되는 이유는 무엇보다 '섬김'을 훈련할 기회가 없기 때문입니다. 교회에서 섬김을 훈련할 수 있는 제일 좋은 곳은 주일 공예배 현장이 아니라 소그룹 모임입니다. 소그룹 모임은 주일 예배당 예배와 한 주간 삶의 예배가 만나는 현장이자 모이는 교회와 흩어지는 교회가 만나는 현장입니다. 이곳에서 소그룹 구성원들이 일상의 삶을 말씀으로 서로 성찰하고, 세상의 빛과 소금으로서의 정체성을 정기적으로 확인하며, 교회의 머리이신 그리스도로부터 흘러오는 은혜를 실제적으로, 구체적으로, 공동체적으로 경험해갑니다(히 10:25). 바로 그때에 생명이 생명을 낳는 생명 공동체로 세워져 가는 기쁨을 누리게 될 것입니다. 소그룹 리더는 소그룹 구성원들이 이런 기쁨을 누리면서 그리스도의 몸으로 건강하게 세워져가도록 '섬김으로 멘토링 하는 사람'입니다.

소그룹 리더는 주님을 모르는 한 영혼을 구원하기 위해 소그룹 식구들과 함께 애쓰고 기도하면서, 잃어버린 한 마리 양을 찾기 위해서 아흔아홉 마리 양을 남겨두고 떠나시는 참 목자, 예수님의 심정을 배웁니다. 소그룹 식구들의 문제를 자신의 문제로 보듬어 안고 같이 눈물 흘리고, 기도하면서 섬기는 가운데 소그룹 리더 스스로도 제자로 빚어져 갑니다. 소그룹 식구들이 일주일 삶의 현장 속에서, 직장에서 치열하게 싸우면서도 하나님의 나라를 꿈꾸며 살 수 있는 것은 소그룹 공동체에서 자기를 위해 계속해서 기도해 주는 소그룹 리더가 있기 때문입니다. 그런 소그룹 리더를 보고 배우면서 나머지 소그룹 식구들도 삶의 현장에서 함께 제자로 성장해 가는 것입니다.

5. 섬기는 사람들 - 생명이 생명을 낳는 공동체

교회 홈페이지에 들어가 보면 대부분 교회 소개란에 '섬기는 사람들'을 사진과 함께 소개하는 부분이 있습니다. 보통 그 교회의 담임목사, 부교역자들이 맨 윗부분 자리를 차지하고 있습니다. 그런데, 한 번 생각해 보십시오. 이들을 소개하는 타이틀이 이들의 실제 사역과 삶에 어울리나요? 지금 여러분들의 담임목사를 떠올려보십시오. 지금 여러분들의 부교역자를 생각해 보십시오. 과연 '섬기는 사람들'이 맞습니까? 오늘 우리 각자가 섬기고 있는 교회에 '섬김으로 멘토링 하는 소그룹 리더'를 찾아보기 힘들다면, 그 이유는 간단합니다. 그들의 담임목사가 섬김의 멘토가 되지 못하고 있기 때문입니다. 담임목사가 섬김의 멘토링에 실패하고 있다면 부교역자들이 담임목사를 보고 배우며 좋은 멘토로 자라가기 어려울 것입니다. 그런 교회에서 그리스도의 몸인 교회를 직접 세우는 주체로서의 성도(소그룹 리더)들이 섬김의 멘토링으로 평신도 목회자로 자라가기는 어렵지 않겠습니까?

다시 한 번 말씀드리지만 그리스도께서 이 땅에 세우신 교회는 '생명 공동체'입니다. 그리스도의 몸으로서의 교회는 그리스도의 생명을 그 안에 담고 있고, 그 생명의 요소들이 안에서 서로 작용하는 유기체(有機體, organism)입니다. 이는 단순한 조직(organization)이 아니기 때문에 정상적인 교회는 반드시 성장하게 되어 있습니다. 내재되어 있는 생명력(生命力)이 발현되기 때문입니다. 그런데, 이때의 성장은 괴기한 모습으로 자신의 몸집만 불려나가는 공룡 같은 교회가 아니라, 둥지를 떠나간 새들이 숲을 아름답게 만드는 것처럼 잘 흩어져서 지역사회에 아름다운 '교회 숲'을 만드는 성장입니다. 한 마디로 '모이는 교회를 넘어 흩어지는 교회로의 성장'입니다. 교회 분립 개척, 지역 교회와의 동역, '생활신앙'의 생활화와 같은 실천들은 교회가 모이는 교회를 넘어 흩어지는 교회로 자라갈 때 나타나는 구체적인 열매가 될 수 있을 것입니다. 그러나 이 모든 열매들이 생명이 생명을 낳는 생명공동체를 세우는 열매로 나타나는 핵심적 기초에는 바로 '섬김으로 멘토링 하는 성도'

가 있고, 그들이 보고 배우도록 본을 보이는 '섬김으로 멘토링 하는 목회자'가 있다는 사실을 기억해야 합니다. 교회에는 두 종류의 목회자가 있습니다. 바로 '섬김으로 멘토링 하는 평신도 목회자'와 '섬김으로 멘토링 하는 전문(풀타임) 목회자'입니다.

교회에 소망이 있는 것은 한없이 부족하고 연약한 이들을 태초로부터 지금까지 섬기고 계시는 우리의 영원한 멘토가 계시기 때문입니다. 그분은 바로 우리 주 예수 그리스도이십니다!

EARLY CHURCH

소통으로 멘토링하기

- 단순히 가르치는 방식을 넘어서 동역하기 -

이정규 목사 (시광교회)

1. 사역의 목적

어떤 일이든 궁극적 목적을 생각하지 않는다면 결국 엇나가게 됩니다. 우리는 이 문제 앞에서 이미 답을 가지고 있습니다. 성경은 하나님께서 우리를 지으신 목적을 하나님의 영광을 위해서라고 말합니다. 아래의 말씀들을 한 번 읽어보십시오.

> 이 백성은 내가 나를 위하여 지었나니 나를 찬송하게 하려 함이니라 (사 43:21)

그 기쁘신 뜻대로 우리를 예정하사 예수 그리스도로 말미암아 자기의 아들들이 되게 하셨으니 이는 그가 사랑하시는 자 안에서 우리에게 거저 주시는 바 그의 은혜의 영광을 찬송하게 하려는 것이라 (엡 1:5-6)

그는 보이지 아니하는 하나님의 형상이시요 모든 피조물보다 먼저 나신 이시니 만물이 그에게서 창조되되 하늘과 땅에서 보이는 것들과 보이지 않는 것들과 혹은 왕권들이나 주권들이나 통치자들이나 권세들이나 만물이 다 그로 말미암고 그를 위하여 창조되었고 (골 1:15-16)

그런즉 너희가 먹든지 마시든지 무엇을 하든지 다 하나님의 영광을 위하여 하라 (고전 10:31)

우리가 믿는 신조 역시 이 문제에 대해 아주 분명한 대답을 줍니다. 소요리문답 1문을 보겠습니다.

문: 사람의 제일 되는 목적이 무엇입니까?
답: 사람의 제일 되는 목적은 하나님을 영화롭게 하고 그분을 영원토록 즐거워하는 것입니다.

우리는 여기서의 목적이 그냥 목적이 아니라 '제일 되는' 목적임을 알고 있습니다. 따라서 인생의 모든 목적들 중 최고의 목적이며, 응당 그래야 합니다. 이것이 인생의 목적이라면, 당연히 우리 사역의 목적이

기도 합니다. 따라서 우리는 우리 사역자들을 위해 다음과 같은 요리문 답을 만들어 낼 수 있습니다.[1]

> 문: 사역의 제일 되는 목적이 무엇입니까?
> 답: 사역의 제일 되는 목적은 하나님을 영화롭게 하고 그분을 영원토록 즐거워하는 것입니다. 그리고 성도들로 하여금 하나님을 영화롭게 하고 그분을 영원토록 즐거워하도록 인 도하는 것입니다.

게다가 우리는 하나님을 영화롭게 하는 것과 하나님을 즐거워하는 것이 서로 다르지 않음을 알고 있습니다.[2] 즉, 우리는 하나님을 즐거워 함으로 하나님을 영화롭게 합니다. 따라서 우리 사역의 궁극적 목적은 성도들에게 "성경을 통해", "하나님을 보여줌으로써", "그들이 하나님 을 즐거워하게 함으로", "하나님을 영화롭게 하도록" 돕는 것입니다.

2. 사역의 방식

하나님께서는 인류가 타락했다 하더라도 여전히 세상이 무너지지 않고 멸망하지 않도록 은혜를 부어 주시기로 작정하셨습니다(창 9:11). 그래서 하나님께서 세상을 보존하시기 위해 주신 은혜를 일반 은혜라 고 부릅니다.[3] 이러한 일반 은혜 중 하나가 국가인데, 우리는 성경이 말 하는 국가의 역할을 로마서에서 볼 수 있습니다.

각 사람은 위에 있는 권세들에게 복종하라 권세는 하나님으로부터 나지 않음이 없나니 모든 권세는 다 하나님께서 정하신 바라 그러므로 권세를 거스르는 자는 하나님의 명을 거스름이니 거스르는 자들은 **심판을 자취하리라** 다스리는 자들은 선한 일에 대하여 두려움이 되지 않고 악한 일에 대하여 되나니 네가 권세를 **두려워하지 아니하려느냐** 선을 행하라 그리하면 그에게 <u>칭찬을 받으리라</u> 그는 하나님의 사역자가 되어 네게 <u>선을 베푸는</u> 자니라 그러나 네가 악을 행하거든 **두려워하라** 그가 공연히 칼을 가지지 아니하였으니 곧 하나님의 사역자가 되어 악을 행하는 자에게 진노하심을 따라 보응하는 자니라 (롬 13:1-4)

이 구절을 자세히 살펴보면 하나님께서 국가를 사용하셔서 세상을 다스리실 때, 두 가지 심리적 동기를 사용하신다는 것을 알 수 있습니다. 바로 **자랑(Pride)과 두려움(Fear)**입니다. 이러한 원리는 모든 일하는 사람들을 일하게 만드는 동기이기도 합니다. 많은 사람들을 일하게 만드는 동기는 **신상필벌(信賞必罰)** 또는 **당근과 채찍**입니다. 이는 모두 자랑과 두려움을 자극하는 방식이고, 많은 경우 이로 인해 극단까지 치닫는 게으름이나 범죄는 저지르지 않게 되지만 이럴 때 보통 사람들은 괴로움을 느끼고 소극적으로 행동하며 때로는 죄를 저지르기도 합니다. 그리고 효율도 그다지 늘지 않습니다.

일을 하는 또 다른 동기가 있는데, 그것은 **즐거움(Fun)**입니다. 사람은 즐거움으로 일할 때 최고의 성과와 효율을 보이고, 또한 세상에 강력한 영향을 끼칩니다. 사실 많은 현대 경영학자들과 심리학자들은 이 사실을 알고 있으며, 어떻게 하면 교만과 두려움이 아닌 재미와 즐거움을 일을 할 수 있게 할지에 대해 연구합니다. 하지만 이러한 회사의 선봉장 격인 넷플릭스나 구글마저도 이 모든 시스템을 '빠른 해고'를 통해서 이루어낸다는 점에서는 신상필벌에서 크게 벗어나지 없습니다.[4]

우리의 사역은 하나님을 즐거워하는 사역이어야 합니다. 즉, 우리의 사역은 자랑과 두려움으로 이루어져서는 안 됩니다. 이는 **일반 은혜의 빛 아래에서만 사역하지 않고 특별 은혜의 빛에 기댄다는 것**입니다. 하나님을 즐거워하는 것은 인간이 스스로 할 수 없는 특별 은혜에 속한 것입니다. 그 누구도 하나님을 즐거워하는 마음을 스스로 가질 수 없습니다. 복음을 통해 드러난 예수 그리스도를 보여주시는 성령 하나님만이 이 마음을 우리 마음에 창조하실 수 있습니다. 사실 이는 성경의 명령이기도 합니다.

> 그러므로 복종하지 아니할 수 없으니 진노 때문에 할 것이 아니라 양심을 따라 할 것이라 (롬 13:5)

> 종들아 두려워하고 떨며 성실한 마음으로 육체의 상전에게 순종하기를 그리스도께 하듯 하라 눈가림만 하여 사람을 기쁘게 하는 자처럼 하지 말고 그리스도의 종들처럼 마음으로 하나님의 뜻을 행하고 기쁜 마음으로 섬기기를 주께 하듯 하고 사람

들에게 하듯 하지 말라 (엡 6:5-7)

혹 위로하는 자면 위로하는 일로, 구제하는 자는 성실함으로, 다스리는 자는 부지런함으로, 긍휼을 베푸는 자는 즐거움으로 할 것이니라 (롬 12:8)

내가 증언하노니 그들이 힘대로 할 뿐 아니라 힘에 지나도록 자원하여 (고후 8:3)

너희 중에 있는 하나님의 양 무리를 치되 억지로 하지 말고 하나님의 뜻을 따라 자원함으로 하며 더러운 이득을 위하여 하지 말고 기꺼이 하며 (벧전 5:2)

지금까지의 내용을 표로 요약해 보면 다음과 같습니다.

선을 행하는 동기	자랑과 두려움	즐거움
은혜의 종류	일반 은혜에 속함	특별 은혜에 속함
선행의 열정	소극적이다.	적극적이다.
선행의 보람	성공해야만 보람을 느낀다.	소명으로 보람을 느낀다.
선행의 성취도	많은 열매를 맺기 어렵다.	많은 열매를 맺는다.
선행의 과정	때로 죄를 저질러서라도 성취하려 한다.	하나님을 신뢰한다.
할 수 있는 사람	거듭나지 않아도 할 수 있다.	오직 거듭나고 복음의 은혜를 아는 사람만이 할 수 있다.

결과적으로, 우리의 마음은 단순히 제어되는 것이 아니라 변화되는 것임을 알 수 있습니다.[5] 우리는 사역을 억지로 하는 것이 아니라 자연스럽게 하며, 기쁨으로 하며, 사역을 사랑하게 됩니다. 그리고 그 사랑은 궁극적인 목적인 하나님을 향해 가고 있습니다. 바로 이때 사역의 목적을 성취합니다.

3. 이러한 사역을 낳는 사역자상

따라서 우리의 이상적인 사역자상은 **복음을 누리고 즐거워하며 기쁨으로 선포하는, 그렇게 교회를 섬기는** 사역자입니다. 이러한 사역자는 복음이 낳는 다음과 같은 열매들을 가지고 있거나, 그 열매를 맺기 위해 정진하는 사람일 것입니다.

열매	설명
사랑	- 복음의 기쁨 때문에 하나님을 사랑할 것이고, 그리스도의 사랑 때문에 맡겨진 양 무리들을 사랑할 것이다. - 그리스도의 사랑을 받고 그분을 흉내 낼 것이다.
자기를 잊음	- 복음의 평결 때문에 인정욕구가 줄어든다. - 비판을 받아도 좌절하지 않고, 칭찬 때문에 우쭐해하지 않는다.
즐거움과 긍정	- 나쁜 일이 생겨도 좌절하지 않을 것이다. (예: 모임에 사람들이 적게 왔을 때) - 결국 모든 것이 합력하여 선을 이룬다는 복음의 약속을 믿기 때문이다.

책임감과 희생	- 그리스도께서 자신을 희생하여 모든 것을 주셨기에, 나는 아무리 희생해도 그 어떤 것도 잃지 않는다. - 자신이 맡은 사역에 최대한 책임감을 가진다.
근면함과 부지 런함	- 그리스도께서 신실하게 우리를 대하셨기에, 우리 역시 신실함을 흉내 낸다. - 자신을 채찍질한다. 자신에게는 엄하지만, 타인에게 관대하다.
판단력	- 교회에 가장 이로운 방식으로 행동한다.

이렇듯 우리가 복음 안에서, 성령님의 능력으로 성화되어 갈 때 우리의 사역은 더욱 즐거움이 넘칠 것입니다. 사역자인 우리는 자신을 대할 때는 겸손과 감사의 마음을, 타인을 대할 때는 너그러움과 용서, 관용과 사랑의 마음을 품어야 합니다.

스스로를 대할 때는 자신이 용서받은 죄인임을 끊임없이 상기하며, 자신이 죄인이기에 나태와 욕심, 교만과 두려움에 싸여있음을 정직하게 인정해야 합니다. 또한 자신의 부족함을 솔직히 말해줄 것을 요청하고 정직하게 자신을 내보여야 합니다. 주신 것에 감사하며 사역의 열매에 대해서도 겸손하고 감사해야 합니다. 그 어떤 열매도 하나님 없이 맺힌 것이 없음을 겸손하게 고백하고, 모든 열매가 다른 사역자들 없이는 결코 불가능했음을 진심으로 고백하며 감사하는 마음을 가져야 합니다.

타인을 대할 때는 다른 사역자들을 포함한 모든 사람이 소중한 하나님의 형상이요 사랑받는 자녀임을 끊임없이 상기해야 합니다. 그들

역시 죄인이기에 여러 죄와 악을 범할 수 있음을 미리 기억하고 용서하며 사랑할 준비를 해야 합니다. 상대가 잘못 생각하거나 죄를 저지르려고 할 때 사랑으로 말하는 용기를 가져야 합니다. 또한 다른 사역자들이 이룬 사역의 성공은 축하하고 감사하며, 실패는 과정으로 여기고 받아들이면서 공백을 메워주려 도와야 합니다. 자신이 상대를 위해 도울 수 있는 것이 있다면 사랑으로 조언하고 진정성 있게 도와야 합니다.

사역자는 서로를 죄인인 동시에 의인으로, 그리고 하나님의 형상으로 대우해야 합니다. 또한 서로를 자유와 책임을 지닌 성숙한 인격체로 대우해야 합니다.

4. 사역 피드백 주기 - 우리는 정직하게 서로를 성장시킨다.

사역에 더 깊은 전문성과 지식이 생길수록 서로의 피드백은 더 좋아질 것입니다. 우리는 서로의 사역을 피드백해야 합니다. 실질적으로 가장 중요한 포인트는 담임 목사가 성도들과 사역자들에게 받는 것입니다. 담임 목사도 실상은 용서받은 죄인에 불과합니다. 피드백은 누구에게나 열려 있습니다. 서로의 사역을 피드백할 때 우리는 정직하게 서로를 성장시킬 수 있습니다.

서로의 사역에 피드백을 줄 때 가장 중요하게 고려해야 할 점은 정직입니다. 정직하지 않은 피드백은 서로의 사역을 성장시키지 못할 뿐 아니라 관계를 위험에 빠뜨리게 합니다. 그렇다면 '정직하게 피드백을 한다'는 말의 의미는 무엇일까요?

우선 우리가 정직한 피드백을 준다고 생각하면서 쉽게 간과하거나 실수할 수 있는 부분에 대해 알아보겠습니다. 먼저, 정직하다는 것은 상대에게 예의를 갖추지 않거나 존중하지 않는다는 의미가 아닙니다. 그러나 우리는 선배나 윗사람의 노고를 존중하고 후배나 아랫사람의 입장과 상황을 고려해야 하며, 상대방이 내 피드백을 들으면 어떻게 생각할지를 염려해야 합니다. 두 번째로, 정직하다는 것은 상대의 상황과 정황을 배려하지 않는다는 의미가 아닙니다. 그러나 우리는 상대에게 정직하게 피드백을 줄 때, 상대방의 입장에 자신을 대입해 보아야 합니다. 마지막으로 정직하다는 것은 내 피드백을 상대방이 무조건 수용해야 한다는 의미가 아닙니다. 우리는 조언자와 동역자의 역할에 머물러야 합니다. 상대방으로 하여금 내 스타일과 의지와 가치관을 무조건적으로 수용하게 하려는 태도는 반드시 서로의 사역에 건강한 성장을 이루지 못하게 합니다.

정직하다는 것은 우리의 사역의 목적에 합하도록 서로를 독려하고, 성장시키는 것을 의미합니다. 또한 상대가 더 성장하고 나아질 수 있도록 사랑하며 섬기는 것을 의미합니다. 정직하다는 것은 상대의 죄와 자기중심성과 연약함을 바르게 지적할 용기를 가지는 것입니다. 또한 정직하다는 것은 성도들을 섬기기 위해 **우리를 부인한다는 것**을 의미합니다.

우리는 모두 연약한 존재이기 때문에 이런 정직한 피드백을 주고받기 위해 원칙이 필요합니다. 저는 이 원칙을 <4A>라는 이름으로 소개하고자 합니다.[6]

(1) 피드백을 줄 때

① AIM TO ASSIST (도움을 주겠다는 생각으로 하라!)

피드백은 선의에서 비롯되어야 합니다. 불만을 털어놓거나 의도적으로 상처를 주거나 자신의 입지를 유리하게 만들기 위한 피드백은 잘못된 피드백입니다. 또한 피드백을 주는 사람이 더 잘났다는 것을 입증하기 위한 피드백도 마찬가지입니다. 피드백을 줄 때는 어떻게 하면 도움을 줄 수 있을지를 가장 먼저 생각해야 합니다. 피드백으로 인한 구체적인 행동 변화가 상대방 개인이나 교회에 어떻게 도움이 되는지 분명히 설명해야 합니다. 예를 들면 이런 것입니다. "설교하실 때 이러이러한 습관은 거슬립니다."라고 하는 것은 잘못된 피드백입니다. "설교하실 때 그 습관을 고치신다면 더 말씀에 집중이 잘 될 것 같습니다."라고 하는 것이 좋은 피드백이다.

② ACTIONABLE (실질적인 조치를 포함하라!)

피드백은 주는 사람의 마음보다 받는 사람의 행동이 변화되는 것에 초점을 맞춰야 합니다. 제가 섬기는 교회에서는 사역자들과 서로 어떻게 공부하는지를 종종 나누곤 합니다. 그때 만약 공부와 자기 계발을 조금 게을리하는 사역자가 있다면, 그에게 "설교를 더 잘하기 위해 열심히 공부하고 훈련해야 하는데, 왜 더 공부하지 않는 겁니까?"라는 피드백은 그다지 유용하지 않습니다. "저는 보통 오전 9시에 책을 읽고 공부하곤 하는데, 그때 함께 공부하고 서로 확인하기 위해 카톡을 보내면 어떨까요?"라는 피드백이 유용하고 좋은 피드백입니다. 실질적인 조치를 포함하는 것입니다.

(2) 피드백을 받을 때

③ APPRECIATE (감사하라!)

비판을 받으면 움츠러들고 변명부터 하려 드는 것이 인간의 자연스러운 본능입니다. 그런 상황에서는 누구나 반사적으로 자존심이나 체면을 지키려고 합니다. 그렇기 때문에 피드백을 받으면 이런 자연스러운 거부 반응을 일단 자제하고 이렇게 자문해 보아야 합니다. '어떻게 해야 상대방의 고언을 신중하게 듣고, 열린 마음으로 그 의미를 짚어보며, 수세를 취하거나 화를 내지 않고 감사한 마음을 표현할 수 있을까?'

피드백을 들을 때 제일 먼저 감사하다는 말을 해보십시오. 내가 받은 피드백을 수용할지의 여부와는 별개로, 피드백을 준 자체를 먼저 감사해야 합니다. 나에게 피드백을 준 사람을 중요한 사람으로 여기십시오. 그리고 그 피드백이 나를 이롭게 하고 교회를 유익하게 했다고 표현해 주십시오. 그렇게 함으로써 나와 상대방은 비록 각자 맡은 역할의 크기가 다르고 질서가 존재하지만, 평등한 위치에서 서로가 서로를 섬기고 사랑하고 돕는 위치에 있게 됩니다.

④ ACCEPT OR DISCARD (받아들이거나 거부하라!)

피드백을 받아들일 때는 감사를 표하며 받아들이되, 거부해야 할 때도 있습니다. 어떤 피드백이든 일단 듣고 생각해 봐야 합니다. 모든 피드백을 반드시 따를 필요는 없습니다. 중요한 것은 거부할 때의 태도입니다. 피드백을 거부할 때는 왜 거부하는지에 대해 밝히면서 진심을 담아 "고맙다"라고 말하되, 피드백의 수용 여부는 전적으로 받는 사람에게 달렸다는 사실을 양측 모두가 이해해야 합니다. 피드백을 준 사람 역시 상대가 당연히 이 모든 것을 받아들일 거라고 기대해서는 안 됩니다. 오히려 제3의 타협점을 찾을 수 있을 것입니다.

5. 결론

이런 피드백이 서로에게 계속해서 이루어지고, 서로를 사랑하고 감사하는 마음으로 주고받을 수만 있다면 서로는 계속 성장할 수 있습니다. 이것을 멘토링이라고 볼 수도 있지만 간단하게 말해 소통이라고 할 수 있는데, 주로 더 많이 알고 경험한 사람이 가르쳐 주는 경우가 많을 것입니다. 그때 우리가 위에서 지시하고 찍어누르는 방식이 아니라 진정으로 상대방을 위해 섬기는 마음으로 한다면, 특히 지금 같은 포스트모던 사회의 문화에서 더욱 설득력 있고 이해하는 방식으로 서로를 섬길 수 있을 것입니다.

사실 기성 교회의 문화에 익숙해져 있는 우리에겐 이 모든 것이 부담스럽게 느껴질 수 있지만, 왕이시고 신이신 우리 구주께서 이 땅에 오심으로써 자신을 낮추시어 우리에게 보이신 겸손을 기쁘게 떠올린다면 더 깊은 즐거움과 겸손으로 서로를 섬길 수 있는 마음이 생길 것입니다.

부록
- 참고문헌 -

EARLY CHURCH

부록

〈참고문헌〉

곤잘레스, 유스토. 『초대교회사』. 2판. 엄성옥 옮김. 서울: 은성출판사, 2012.

김덕수. 『로마와 그리스도교: 그리스도교는 어떻게 로마를 정복했는가?』. 서울: 홍성사, 2017.

김정. 『초대교회 예배사』. 서울: CLC, 2014.

남성현. 『병원의 탄생과 발전 그리고 기독교 영성의 역할: 4세기에서 19세기까지 기독교 사회 복지의 역사에 대한 연구』. 서울: CLC, 2020.

레이코프, 조지, 마크 존슨. 『삶으로서의 은유』. 수정판. 노양진, 나익주 옮김. 하남: 박이정, 2006.

맥그라스, 알리스터. 『그들은 어떻게 이단이 되었는가: 교회가 신앙을 지켜온 치열한 역사』. 홍병룡 옮김. 서울: 포이에마, 2011.

무명의 저자(들). 『디다케: 열두 사도들의 가르침』. 정양모 역주. 왜관: 분도출판사, 1993.

무명의 저자(들). 『디오그네투스에게』. 서공석 역주. 왜관: 분도출판사, 2010.

바클레이, 존.『바울과 은혜의 능력』. 김형태 옮김. 서울: 감은사, 2021.

박영호.『우리가 몰랐던 1세기 교회: 오늘의 그리스도인을 위한 사회사적 성경 읽기』. 서울: IVP, 2021.

브라운, 피터.『기독교 세계의 등장』. 이종경 옮김. 서울: 새물결, 2004.

브라운, 피터.『고대후기 로마제국의 가난과 리더십』. 서원모, 이은혜 옮김. 파주: 태학사, 2012.

배정훈. "구제와 영혼의 치유에 대한 존 크리소스톰의 사상 연구: 그의 마태복음 설교를 중심으로."「성경과 신학」88 (2018): 121-49.

배정훈. "1-3세기 박해: 역사적 사실과 교훈."「고신신학」22 (2020): 187-218.

배정훈 외 2명. "요한 크리소스톰과 과시욕: 천국의 영광을 바라보며."『초대교회와 마음의 치료』. 배정훈 외 2명. 군포: 도서출판 다함, 2022. 22-59.

배정훈, 우병훈, 조윤호 공저.『초대교회의 갈등과 치료』. 군포: 다함, 2022.

뱅크스, 로버트.『1세기 교회 예배 이야기』. 신현기 옮김. 서울: IVP, 2017.

뱅크스, 로버트.『1세기 그리스도인의 하루 이야기』. 신현기 옮김. 서울: IVP, 2018.

뱅크스, 로버트.『1세기 그리스도인의 선교 이야기』. 신현기 옮김. 서울: IVP, 2020.

브라운, 피터.『아우구스티누스』. 정기문 옮김. 서울: 새물결, 2012.

스타크, 로드니.『기독교의 발흥: 사회과학자의 시선으로 탐색한 초기 기독교 성장의 요인』. 손현선 옮김. 서울: 좋은씨앗, 2016.

안명준 편.『교회통찰: 코로나, 언택트, 뉴노멀 시대 교회로 살아가기』. 서울: 세움북스, 2020.

어만, 바트.『기독교는 어떻게 역사의 승자가 되었나』. 허형은 옮김. 서울: 갈라파고스, 2019.

어만, 바트.『잃어버린 기독교의 비밀: 그동안 알려지지 않았던 성경과 교리를 둘러싼 숨 막히는 전투』. 박철현 옮김. 서울: 이제, 2008.

올슨, 로저. 『이야기로 읽는 기독교 신학: 전통과 개혁의 2000년』. 김주한, 김
학도 옮김. 서울: 대한기독교서회, 2009.

우병훈. "아우구스티누스의『신국론』에 나타난 사랑의 갈등." 「한국개혁신학」
70 (2021): 168-217.

우병훈. "초대교회 신자들의 삶과 그 교훈." 이신열 편. 『교리학당』. 부산: 고신
대학교 출판부, 2016. 190-208.

윌리엄스, 로완. 『과거의 의미: 역사적 교회에 관한 신학적 탐구』. 서울: 비아,
2019.

윌켄, 로버트 루이스. 『초기 기독교 사상의 정신』. 배덕만 옮김. 서울: 복있는
사람, 2014.

이그나티우스. 『이냐시오스: 일곱편지』. 박미경 옮김. 서울: 분도출판사, 2000.

이도영. 『코로나19 이후 시대와 한국교회의 과제』. 서울: 새물결플러스, 2020.

이상규. 『초기 기독교와 로마사회: 로마 제국 하에서의 기독교』. 서울: SFC,
2016.

이상규. 『헬라 로마적 상황에서의 기독교』. 서울: 한들출판사, 2006.

이현철 외 3명. 『코로나시대 청소년 신앙 리포트』. 서울: SFC, 2021.

조윤호. "갈등을 신앙으로 승화시킨 이그나티우스의 신학과 사상연구: 이그나
티우스의 일곱 서신을 중심으로." 「한국개혁신학」 68 (2020): 218-268.

조윤호. "이그나티우스의 성찬신학에 대한 연구: 영지주의자들과의 교리적 갈
등을 중심으로." 「한국개혁신학」 70 (2021): 124-167.

채드윅, 헨리. 『초대교회사』. 박종숙 옮김. 서울: CH 북스, 1999.

최봉도. "통전적 기독교 교육을 위한 성찰적 방법론으로서의 멘토링." 「한국개
혁신학」 32 (2011): 260-87.

크라이더, 앨런. 『회심의 변질: 초대교회의 회심을 돌아보다』. 박삼종 외 3명 옮
김. 논산: 대장간, 2012.

크라이더, 앨런. 『초기 기독교의 예배와 복음전도』. 허현 옮김. 논산: 대장간,

2019.

크라이더, 앨런.『초대교회에 길을 묻다』. 홍현민 옮김. 서울: 하늘씨앗, 2020.

크라이더, 앨런.『초기교회와 인내의 발효: 로마제국 안에 뿌리 내린 초기 기독교의 성장 비밀』. 김광남 옮김. 서울: IVP, 2021.

페이절스, 일레인.『믿음을 넘어서: 도마의 비밀 복음서』. 권영주 옮김. 서울: 루비박스, 2006.

페이절스, 일레인.『영지주의: 숨겨진 복음서』. 하연희 옮김. 서울: 루비박스, 2006.

포시디우스.『아우구스티누스의 생애』(*Vita Augustini*). 이연학, 최원오 역주. 왜관: 분도출판사, 2008.

프랑크, 카를 수소.『고대교회사 개론』. 하성수 옮김. 서울: 가톨릭출판사, 2008.

하이트, 조너선.『바른 마음: 나의 옳음과 그들의 옳음은 왜 다른가』. 파주: 웅진지식하우스, 2014.

허타도, 래리.『처음으로 기독교인이라 불렸던 사람들』. 이주만 옮김. 서울: 이와우, 2017.

히폴리투스.『사도전승』. 이형우 역주. 왜관: 분도출판사, 1992.

Ambrose, Isaac. *Looking unto Jesus* 1.『예수를 바라보라 1』. 송용자 옮김. 서울: 부흥과개혁사, 2011.

Augustinus, Aurelius. *De libero arbitrio*.『자유의지론』. 성염 역. 왜관: 분도출판사, 1998.

Augustinus, Aurelius. *(De)doctrina christiana*.『그리스도교 교양』. 성염 역. 왜관: 분도출판사, 2011.

Augustine of Hippo. *Letters (1-82)*. Translated by Wilfrid Parsons. Washington, DC: The Catholic University of America Press, 1951.

Augustine of Hippo. *Letters (83–130)*. Edited by Roy Joseph Deferrari.

Translated by Wilfrid Parsons. Washington, DC: The Catholic University of America Press, 1953.

Augustine of Hippo. *Letters (131–164)*. Edited by Roy Joseph Deferrari. Translated by Wilfrid Parsons. Washington, DC: The Catholic University of America Press, 1953.

Augustine of Hippo. *Letters (165–203)*. Edited by Hermigild Dressler. Translated by Wilfrid Parsons. Washington, DC: The Catholic University of America Press, 1955.

Augustine of Hippo. *Letters (204–270)*. Edited by Hermigild Dressler. Translated by Wilfrid Parsons. Washington, DC: The Catholic University of America Press, 1956.

Augustine of Hippo. *Letters (1*–29*)*. Edited by Thomas P. Halton. Translated by Robert B. Eno. Washington, DC: The Catholic University of America Press, 1989.

Augustine of Hippo. *Expositions of the Psalms 1-32*. Edited by John E. Rotelle. Translated by Maria Boulding. Hyde Park, NY: New City Press, 2000.

Augustine of Hippo. *Expositions of the Psalms 51-72*. Edited by John E. Rotelle. Translated by Maria Boulding. Hyde Park, NY: New City Press, 2001.

Augustine of Hippo. "On the Morals of the Catholic Church." In *St. Augustin: The Writings against the Manichaeans and against the Donatists*, edited by Philip Schaff, translated by Richard Stothert, 4:37–63. A Select Library of the Nicene and Post-Nicene Fathers of the Christian Church, First Series. Buffalo, NY: Christian Literature Company, 1887.

Augustine of Hippo. *The Catholic and Manichaean Ways of Life*. Edited by Roy Joseph Deferrari. Translated by Donald A. Gallagher and Idella J. Gallagher. Washington, DC: The Catholic University of America Press, 1966.

Augustine of Hippo. *The Rule of Saint Augustine*. Edited by Tarsicius J. van Bavel. Translated by Raymond Canning. Kalamazoo, MI: Cistercian Publications, 1996.

Bacchi, Lee. *The Theology of the Ordained Ministry in the Letters of Augustine of Hippo*. San Francisco: International Scholars, 1998.

Bauer, Walter. *Orthodoxy and Heresy in Earliest Christianity*. Trans. Robert A. Kraft and Gerhard Krodel, suppl. Georg Strecker. Philadelphia: Fortress Press, 1979.

Bardy, Gustave. "Les Origines des Écoles Monastiques en Occident." *Sacris Erudiri* 5 (1953), 86-104.

Bardy, Gustave. *Saint Augustin: L'homme et l'uvre*. 7th ed. Paris: Bibliothèque Augustinienne, 1948.

Bavinck, Herman. *Reformed Dogmatics* 1. Grand Rapids: Baker Academic, 2003.

Bavinck, Herman. *Christelijke wereldbeschouwing*. 『헤르만 바빙크의 기독교세계관』. 김경필 옮김. 강영안 감수 및 해설. 군포: 도서출판 다함, 2020.

Baxter, Richard. *A Christian Directory* 1. 『기독교 생활 지침 1』. 박홍규 옮김. 서울: 부흥과개혁사, 2018.

Baxter, Richard. *A Christian Directory* 2. 『기독교 생활 지침 2』. 박홍규 옮김. 서울: 부흥과개혁사, 2018.

Baxter, Richard. *A Christian Directory* 4. 『기독교 생활 지침 4』. 박홍규 옮김. 서울: 부흥과개혁사, 2020.

Beatrice, Pier Franco. "Lord's Prayer." In *Augustine through the Ages: An*

Encyclopedia, edited by Allan Fitzgerald, 506-9. Grand Rapids: Eerdmans, 1999.

Bettenson, Henry. Ed. *The Early Christian Fathers*. New York: Oxford University Press, 2010.

Bremmer, Jan N. *The Rise of Christianity through the Eyes of Gibbon, Harnack and Rodney Stark*. Groningen: University of Groningen, 2010.

Brooks, Thomas. *The Mute Christian under the Smarting Rod, in The Works of Thomas Brooks*. Ed. Alexander B. Grosart. Edinburgh: Banner of Truth Trust, 2001.

Beeke, Joel R & Jones, Mark. *A Puritan Theology Doctrine for Life*. 『청교도 신학의 모든 것』. 김귀탁 옮김. 서울: 부흥과개혁사, 2015.

Bonner, Gerald. *St. Augustine: His Life and Controversies*. Norwich: Canterbury, 1986.

Boston, Thomas. *Human Nature in its Fourfold State*. 『인간 본성의 4중 상태』. 스데반 황 옮김. 서울: 부흥과개혁사, 2016.

Brown, Peter Robert Lamont. *Augustine of Hippo: A Biography*. New ed, with Epilogue. Berkeley: University of California Press, 2000.

Brown, Peter Robert Lamont. *Through the Eye of a Needle: Wealth, the Fall of Rome, and the Making of Christianity in the West, 350-550 AD*. Princeton, NJ: Princeton University Press, 2012.

Buchanan Sinclair. *Ferguson. The Whole Christ*. 『온전한 그리스도』. 정성묵 옮김. 서울: 도서출판 디모데, 2005.

Cameron, Averil. *Christianity and the Rhetoric of Empire: The Development of Christian Discourse*. Berkeley: University of California Press, 1991.

Chadwick, Henry. "New Letters of St. Augustine." *Journal of Theological Studies* 34.2 (1983): 425-52.

Charnock, Stephen. *Discourses upon on the Existence and Attributes of God.* London: Thomas Tegg, 1840.

Clancy, Finbarr G. *"Fide et symbolo, De."* In *Augustine through the Ages: An Encyclopedia*, edited by Allan Fitzgerald, 360-61. Grand Rapids: Eerdmans, 1999.

Colle, Ralph Del. *Christ and the Spirit: Spirit-Christology in Trinitarian Perspective.* New York: Oxford University Press, 1994.

Dassmann, Ernst. *kirchengeschichte* I.『교회사 I』. 하성수 옮김. 왜관: 분도출판사, 2007.

Doyle, Daniel E. *The Bishop as Disciplinarian in the Letters of St. Augustine.* New York: Peter Lang, 2002.

Drecoll, Volker Henning, ed. *Augustin Handbuch.* Tübingen: Mohr Siebeck, 2007.

Drobner, H.R. *The Fathers of The Church: A Comprehensive Introduction.*『교부학』. 하성수 옮김. 왜관: 분도출판사, 2015.

Finn, Thomas M. "Mission and Expansion." In *The Early Christian World.* 2nd. Ed. Philip F. Esler. London: Routledge, 2017. 267-83.

Fitzgerald, Allan, ed. *Augustine through the Ages: An Encyclopedia.* Grand Rapids: Eerdmans, 1999.

Fox, Robin Lane. *Pagans and Christians.* New York: Knopf, 1987.

Gibbon, Edward. *The History of the Decline and Fall of the Roman Empire.* New York: Random House, 2003.

Gilson, Étienne. *Introduction à l'étude de Saint Augustin.* Paris: Librairie philosophique J. Vrin, 1940.

Gilson, Étienne. *The Christian Philosophy of Saint Augustine.* Translated by L.E.M. Lynch. New York, NY: Random House, 1960.

Goppelt, Leonhard. *The Typological Interpretation of the Old Testament in the New.* 『모형론: 신약의 구약해석』. 최종태 옮김. 서울: 새순출판사, 1993.

Gorman, Michael. *Cruciformity: Paul's Narrative Spirituality of the Cross.* 『삶으로 담아내는 십자가』. 박규태 옮김. 서울: 새물결플러스, 2016.

Grossi, V. "Heresy-Heretic." In *Encyclopedia of Ancient Christianity.* Ed. Angelo Di Berardino. Vol. 2. Downers Grove: IVP, 2014. 216-19.

Hadot, Pierre. *Philosophy as a Way of Life: Spiritual Exercises from Socrates to Foucault.* Ed. Arnold I. Davidson. Trans. Michael Chases. New York: Blackwell 1995.

Hamman, Adalbert. *How to Read the Church Fathers.* London: SCM Press LTD, 1993.

Halliburton, R. J. "The Inclination to Retirement: The Retreat of Cassiciacum and the 'Monastery' of Tagaste." *Studia Patristica* 5 (TU 80) (1962): 329-40.

Harmless, William. *Augustine and the Catechumenate.* Collegeville: Liturgical, 1995.

Harnack, Adolf von. *The Mission and Expansion of Christianity in the First Three Centuries.* Trans. James Moffatt. London: Williams, 1908.

Hauschild, Wolf-Dieter and Volker Henning Drecoll. *Lehrbuch der Kirchen- und Dogmengeschichte.* Vol. 1, Alte Kirche und Mittelalter, 2nd ed. Gütersloh: Gütersloher Verlagshaus, 2016.

Hauschild, Wolf-Dieter *Lehrbuch der Kirchen- und Dogmengeschichte.* Vol. 1, Alte Kirche und Mittelalter, 2nd ed. Gütersloh: Gütersloher Verlagshaus, 2000.

Hoekema, Anthony A. *Created in God's Image.* Grand Rapids: William B. Eerdmans Publishing Company, 1994.

Ignatius. "To the Ephesians." in *Early Christian Fathers*. Ed. Cyril. C. Richardson. Louisville KY: Westminster John Knox Press, 2006.

Ignatius. "To the Magnesians." in *Early Christian Fathers*. Ed. Cyril. C. Richardson. Louisville KY: Westminster John Knox Press, 2006.

Ignatius. "To the Smyrnaeans." in *Early Christian Fathers*. Ed. Cyril. C. Richardson. Louisville KY: Westminster John Knox Press, 2006.

Ignatius. "To the Philadelphians." in *Early Christian Fathers*. Ed. Cyril. C. Richardson. Louisville KY: Westminster John Knox Press, 2006.

Ignatius. "To Polycarp." in *Early Christian Fathers*. Ed. Cyril. C. Richardson. Louisville KY: Westminster John Knox Press, 2006.

Ignatius. "To the Romans." in *Early Christian Fathers*. Ed. Cyril. C. Richardson. Louisville KY: Westminster John Knox Press, 2006.

Ignatius. "To the Trallians." in *Early Christian Fathers*. Ed. Cyril. C. Richardson. Louisville KY: Westminster John Knox Press, 2006.

Joncas Fr, Jan Michael. "Clergy, North African." In *Augustine through the Ages: An Encyclopedia*, edited by Allan Fitzgerald, 213-17. Grand Rapids: Eerdmans, 1999.

Justin, *1 Apology*.

Keller, Timothy. *Counterfeit Gods*. 『거짓 신들의 세상』. 이미정 옮김. 서울: 도서출판 베가북스, 2012.

Kelly, J. N. D. *Early Christian Doctrines*. London: Adam & Charles Black, 1968.

Kevane, Eugene. *Augustine the Educator*. Westminster: Newman, 1964.

Kobusch, Theo. *Christliche Philosophie: Entdeckung der Subjektivität*. 『그리스도교 철학: 주체성의 발견』. 김형수 옮김. 서울: 가톨릭출판사, 2020.

Köstenberger, Andreas J. and Michael J. Kruger. *The Heresy of Orthodoxy: How Contemporary Culture's Fascination with Diversity Has Reshaped Our*

Understanding of Early Christianity. Wheaton: Crossway, 2010.

Lawless, George. "Augustine's First Monastery: Thagaste or Hippo." *Augustinianum* 25 (1985): 65–78.

Lawless, George. *Augustine of Hippo and His Monastic Rule.* New York: Oxford University Press, 1989.

Lienhard, Joseph T. "Ministry." In *Augustine through the Ages: An Encyclopedia,* edited by Allan Fitzgerald, 567-69. Grand Rapids: Eerdmans, 1999.

Luther, Martin. *Lectures on Galatians.* 『갈라디아서 강해(상)』. 김선희 옮김. 용인: 루터신학대학교 출판부, 2003.

Lynch, Joseph H. *Early Christianity: A Brief History.* Oxford: Oxford University Press, 2010.

MacMullen, Ramsey. *Christianizing the Roman Empire A.D. 100-400.* New Haven: Yale University Press, 1984.

Mandouze, Andre. *L'aventure de la Raison et la Grace.* Paris: Études Augustiniennes, 1968.

McGuckin, John A. *The Path of Christianity: The First Thousand Years.* Downers Grove: IVP.

Moss, Candida. *The Myth of Persecution: How Early Christians Invented a Story of Martyrdom.* New York: Harper One, 2014.

Nussbaum, Martha C. *The Therapy of Desire: Theory and Practice in Hellenistic Ethics.* Princeton, NJ: Princeton University Press, 1994.

Pellegrino, Michelle. *The True Priest: The Priesthood as Preached and Practiced by Saint Augustine.* Translated by Arthur Gibson. Langley, UK: St. Paul, 1998.

Polycarp. "The Letter of Saint Polycarp, Bishop of Smyrna, to the Philippians."

in *Early Christian Fathers*. Ed. Cyril. C. Richardson. Louisville: Westminster John Knox Press, 2006.

Pelikan, Jaroslav. *The Emergence of the Catholic Tradition(100-600)*. Chicago: The University of Chicago, 1971.

Platon. *Phaidon*. 『파이돈』. 전현상 옮김. 서울: 이제이북스, 2017.

Rhee, Helen. *Loving the Poor, Saving the Rich: Wealth, Poverty, and Early Christian Formation*. Grand Rapids: Baker Academic, 2012.

Richardson, Cyril C. Ed. "The Martyrdom of Saint Polycarp, Bishop of Smyrna, as Told in the Letter of the Church of Smyrna to the Church of Philomelium." in *Early Christian Fathers*. Louisville KY: Westminster John Knox Press, 2006.

Rowe, C. Kavin. *Christianity's Surprise: A Sure and Certain Hope*. Nashville: Abingdon Press, 2020.

Schaff, Philip. *History of the Christian Church* Vol. Ⅱ. New York: Charles Scribner's Sons, 1922.

Stevenson(ed.), J. *A New Eusebius: Documents Illustrating the History of the Church to AD 337*. Rev. by W. H. C. Frend. Grand Rapids: Baker Academic, 2013.

Thiselton, Anthony C. *The Hermeneutics of Doctrine*. 『기독교 교리와 해석학』. 김귀탁 옮김. 서울: 새물결플러스, 2016.

Van der Meer, Frederick. *Augustine the Bishop*. Translated by B. Battershaw and G. R. Lamb. London: Sheed & Ward, 1961.

Van Nuffelen, Peter. "A War of Words: Sermons and Social Status in Constantinople under the Theodosian Dynasty." In *Literature and Society in the Fourth Century A.D.: Performing Paideia, Constructing the Present, Presenting the Self*. Ed. L. Van Hoof and Peter Van Nuffelen.

Leiden: Brill, 2014. 201-17.

Vanhoozer, Kevin J. *Hearers and Doers.* 『들음과 행함』. 박세혁 옮김. 서울: 복
있는 사람, 2020.

Vogüé, Adalbert de. *Histoire littéraire du mouvement monastique. Première
partie: Le monachisme latin.* Paris: Le Cerf, 1993.

Wilken, Robert L. *The First Thousand Years: A Global History of Christianity.* New
Haven: Yale University Press, 2012.

Woo, B. Hoon. "Pilgrim's Progress in Society: Augustine's Political Thought
in the City of God." *Political Theology* 16/5 (2015): 421–41.

Young, Frances M. *Biblical Exegesis and The Formation of Christian Culture.*
Grand Rapids: Baker Academic, 1997.

Zumkeller, Adolar. *Augustine's Ideal of the Religious Life.* Translated by
Edmund Colledge. New York: Fordham University Press, 1986.

미주

Patristic Theology Project

갈등하는 영혼을 초장으로 인도하는 이그나티우스의 멘토링

1   Philip Schaff, *History of the Christian Church Vol.* Ⅱ (New York: Charles Scribner's Sons, 1922), 660-664; Henry Bettenson, Ed., *The Early Christian Fathers* (New York: Oxford University Press, 2010), 3-4.

2   조윤호, "갈등을 신앙으로 승화시킨 이그나티우스의 신학과 사상연구: 이그나티우스의 일곱 서신을 중심으로," 「한국개혁신학」 68 (2020): 220-221.

3   Ignatius, "To the Smyrnaeans," in *Early Christian Fathers*, Ed. Cyril. C. Richardson(Louisville KY: Westminster John Knox Press, 2006), 1:1, 112-113.

4   Herman Bavinck, *Reformed Dogmatics* 1 (Grand Rapids: Baker Academic, 2003), 37-38.

5   Richard Baxter, *A Christian Directory* 1, 『기독교 생활 지침 1』, 박홍규 옮김

(서울: 부흥과개혁사, 2018), 133.

6   Ignatius, "To the Smyrnaeans," 4:2, 113.

7   Ignatius, "To the Ephesians," 1:1-2, 88.

8   Kevin J. Vanhoozer, *Hearers and Doers*, 『들음과 행함』, 박세혁 옮김 (서울: 복있는사람, 2020), 276-277.

9   Ignatius, "To the Ephesians," 1:1, 88.

10   Ignatius, "To the Ephesians," 9:1, 90.

11   Ignatius, "To the Magnesians," 4:1, 95.

12   Ignatius, "To the Magnesians," 4:1-5.1, 95.

13   Stephen Charnock, *Discourses upon on the Existence and Attributes of God* (London: Thomas Tegg, 1840), 210, 415.

14   gnatius, "To the Ephesians," 3:1, 88.

15   Ignatius, "To the Ephesians," 21:1-2, 93.

16   Richardson, Ed., *Early Christian Fathers*, 76-77.

17   조윤호, "갈등을 신앙으로 승화시킨 이그나티우스의 신학과 사상연구: 이그나티우스의 일곱 서신을 중심으로," 221-224.

18   Thomas Brooks, The Mute Christian under the Smarting Rod, in *The Works of Thomas Brooks*, Ed. Alexander B. Grosart (Edinburgh: Banner of Truth Trust, 2001), 1:287.

19   Ignatius, "To the Ephesians," 87-88.

20   Ignatius, "To the Trallians,"98.

21   Ignatius, "To the Ephesians," 1:3, 88.

22   Ignatius, "To the Philadelphians," 7:2; 8:2, 110.

...

23   Herman Bavinck, *Christelijke wereldbeschouwing*, 『헤르만 바빙크의 기독교 세계관』, 김경필 옮김, 강영안 감수 및 해설 (군포: 도서출판 다함, 2020), 145-160.

24   Ignatius, "To the Romans," 3:2, 104.

25   Ignatius, "To the Romans," 4:2, 104.

26   Ignatius, "To the Romans," 5:3, 105.

27   Ignatius, "To Polycarp," 2:3-3:2, 118-119.

28   Ignatius, "To Polycarp," 6:1-2, 119-120.

29   Ignatius, "To the Magnesians," 6:1, 95.

30   Ignatius, "To the Magnesians," 6:2-7:1, 95-96.

31   Ignatius, "To the Magnesians," 13:1-2, 97.

32   Ignatius, "To the Trallians," 3:1-4:2, 99.

33   Ignatius, "To the Trallians," 98.

34   J. N. D. Kelly, *Early Christian Doctrines* (London: Adam & Charles Black, 1968), 33.

35   Adalbert Hamman, *How to Read the Church Fathers* (London: SCM Press LTD, 1993), 9.

36   Ignatius, "To the Philadelphians," 5:1, 109.

37   Cyril C. Richardson, Ed., "The Martyrdom of Saint Polycarp, Bishop of Smyrna, as Told in the Letter of the Church of Smyrna to the Church of Philomelium," in *Early Christian Fathers* (Louisville KY: Westminster John Knox Press, 2006), 15:1-19:2, 154-156; Schaff, *History of The Christian Church* Vol. Ⅱ, 665.

38   Schaff, *History of The Christian Church* Vol. Ⅱ, 666-667.

39   Ignatius, "To the Romans," 6:1

40   이상규, 『초기 기독교와 로마 사회: 로마 제국 하에서의 기독교』 (서울: SFC, 2016), 343, 346-347, 355-357; "순교는 개인적으로 행해지기도 했지만 많은 군중들이 보는 앞에서 공개적으로 이루어지기도 했다. … 이럴 경우에도 순교 예정자는 특별한 관심과 존경을 받았다. 그 대표적인 경우가 2세기 중엽의 이그나티우스의 순교였다."

41   Ignatius, "To the Ephesians," 2:2, 88.

42   Ignatius, "To the Magnesians," 4:1, 95.

43   Joel R. Beeke & Mark Jones, *A Puritan Theology Doctrine for Life*, 『청교도 신학의 모든 것』, 김귀탁 옮김 (서울: 부흥과개혁사, 2015), 201.

44   Aurelius Augustinus, *De libero arbitrio*, 『자유의지론』, 성염 옮김 (왜관: 분도출판사, 1998), 151-153.

45   Ignatius, "To the Ephesians," 20:1, 93; "To the Philadelphians," 8:2; 9:2, 107, 110-111; "To the Smyrnaeans," 1:2; 3:1-2; 5:3; 7:2; 12:2, 113-114, 116; "To Polycarp," 7:1, 120.

46   Polycarp, "The Letter of Saint Polycarp, Bishop of Smyrna, to the Philippians," in *Early Christian Fathers*, Ed. Cyril. C. Richardson (Louisville: Westminster John Knox Press, 2006), 9:1-2, 135.

47   Ignatius, "To the Ephesians," 5:1-2, 89.

48   Ignatius, "To the Ephesians," 10:1, 91.

49   Beeke & Jones, *A Puritan Theology Doctrine for Life*, 742.

50   Ignatius, "To the Ephesians," 11:1-2, 91.

51   Ignatius, "To the Ephesians," 87; "To the Magnesians," 94; "To the

Trallians," 98; "To the Romans," 102-103; "To the Philadelphians," 107-108; "To the Smyrnaeans," 112; "To Polycarp," 117-118.

52   Ignatius, "To the Magnesians," 1:2, 94.

53   Ignatius, "To the Magnesians," 3:1-2, 95.

54   Ignatius, "To the Romans," 4:3, 104.

55   Ignatius, "To the Ephesians," 17:1, 92.

56   Ignatius, "To the Trallians," 9:1-2, 100.

57   Anthony C. Thiselton, *The Hermeneutics of Doctrine*, 『기독교 교리와 해석학』, 김귀탁 옮김 (서울: 새물결플러스, 2016), 430.

58   Anthony A. Hoekema, *Created in God's Image* (Grand Rapids: William B. Eerdmans Publishing Company, 1994), 106-111.

59   Leonhard Goppelt, *The Typological Interpretation of the Old Testament in the New*, 『모형론: 신약의 구약해석』, 최종태 옮김 (서울: 새순출판사, 1993), 212-220.

60   Michael Gorman, *Cruciformity: Paul's Narrative Spirituality of the Cross*, 『삶으로 담아내는 십자가』, 박규태 옮김 (서울: 새물결플러스, 2016), 429.

61   Ignatius, "To the Trallians," 11:2, 100-101.

62   Baxter, A Christian Directory 4, 136.

63   Ignatius, "To the Ephesians," 18:1, 92.

64   Ernst Dassmann, *kirchengeschichte* I, 『교회사 I 』, 하성수 옮김 (왜관: 분도출판사, 2007), 46; Jaroslav Pelikan, *The Emergence of the Catholic Tradition(100-600)* (Chicago: The University of Chicago, 1971), 13-14; Ralph Del Colle, *Christ and the Spirit: Spirit-Christology in Trinitarian Perspective* (New York: Oxford University Press, 1994), 158-159.

65   Platon, *Phaidon*, 『파이돈』, 전현상 옮김 (서울: 이제이북스, 2017), 82e, 104.

66   Theo Kobusch, *Christliche Philosophie: Entdeckung der Subjektivität*, 『그리스도교 철학: 주체성의 발견』, 김형수 옮김 (서울: 가톨릭출판사, 2020), 19-22; Kelly, *Early Christian Doctrines*, 15-17; Dassmann, *kirchengeschichte* I, 146.

67   Ignatius, "To the Ephesians," 13:1-2, 91.

68   Ignatius, "To the Magnesians," 10:1, 96.

69   Ignatius, "To the Trallians," 6:1-2, 100.

70   Baxter, *A Christian Directory* 1, 218-222.

71   Ignatius, "To the Ephesians," 18:2, 92-93.

72   Ignatius, "To the Philadelphians," 2:1-3:3; 6:1-7:3, 108-110.

73   Ignatius, "To the Trallians," 1:1-2, 98.

74   Ignatius, "To the Romans," 5:1, 104.

75   Ignatius, "To the Romans," 103.

76   H.R. Drobner, *The Fathers of The Church: A Comprehensive Introduction*, 『교부학』, 하성수 옮김 (왜관: 분도출판사, 2015), 116.

77   Polycarp, "The Letter of Saint Polycarp, Bishop of Smyrna, to the Philippians," 137.

78   Ignatius, "To the Smyrnaeans," 112.

79   Ignatius, "To the Philadelphians," 2:1; 3:1-2; 4:1, 108-109.

80   Timothy Keller, *Counterfeit Gods*, 『거짓 신들의 세상』, 이미정 옮김 (서울: 도서출판 베가북스, 2012), 180-181.

81   Ignatius, "To the Smyrnaeans," 2:1, 113.

82   Ignatius, "To the Smyrnaeans," 4:2, 113-114.

83   Thomas Boston, *Human Nature in its Fourfold State*, 『인간 본성의 4중 상태』, 스데반 황 옮김 (서울: 부흥과개혁사, 2016), 28-29.

84   Polycarp, "The Letter of Saint Polycarp, Bishop of Smyrna, to the Philippians," 137.

85   Ignatius, "To the Philadelphians," 11:2, 111.

86   Ignatius, "To the Smyrnaeans," 8:2, 115.

87   Isaac Ambrose, *Looking unto Jesus* 1, 『예수를 바라보라 1』, 송용자 옮김 (서울: 부흥과개혁사, 2011). 67-73.

88   Ignatius, "To the Philadelphians," 8:2, 110.

89   Ignatius, "To the Philadelphians," 6:2, 109.

90   Richardson, Ed., *Early Christian Fathers*, 102.

91   조윤호, "갈등을 신앙으로 승화시킨 이그나티우스의 신학과 사상연구: 이그나티우스의 일곱 서신을 중심으로," 218.

92   조윤호, "이그나티우스의 성찬신학에 대한 연구: 영지주의자들과의 교리적 갈등을 중심으로," 「한국개혁신학」 70 (2021): 148-152.

93   Ignatius, "To the Trallians," 98.

94   Martin Luther, *Lectures on Galatians*, 『갈라디아서 강해(상)』, 김선희 옮김 (용인: 루터신학대학교 출판부, 2003), 371-398, 412-416.

95   조윤호, "갈등을 신앙으로 승화시킨 이그나티우스의 신학과 사상연구: 이그나티우스의 일곱 서신을 중심으로," 227, 230-232.

96   Ignatius, "To the Romans," 4:1, 104.

97   Baxter, *A Christian Directory* 2, 186-189.

98   Aurelius Augustinus, *(De)doctrina christiana*,『그리스도교 교양』, 성염 옮김
       (왜관: 분도출판사, 2011), 121-123.

99   Sinclair Buchanan Ferguson, *The Whole Christ*,『온전한 그리스도』, 정성묵
       옮김 (서울: 도서출판 디모데, 2005), 78-82: 그리스도는 구원의 다양한
       측면에 있어서 제1원인이 된다.

부흥의 계절

1   안명준 편,『교회통찰: 코로나, 언택트, 뉴노멀 시대 교회로 살아가기』(서울: 세움북스, 2020); 이도영,『코로나19 이후 시대와 한국교회의 과제』(서울: 새물결플러스, 2020); 이현철 외 3명,『코로나시대 청소년 신앙 리포트』(서울: SFC, 2021).

2   최근에는 1,000년까지를 초대교회로 간주하기도 한다. 피터 브라운,『기독교 세계의 등장』, 이종경 옮김 (서울: 새물결, 2004); Robert L. Wilken, *The First Thousand Years: A Global History of Christianity* (New Haven: Yale University Press, 2012); John A. McGuckin, *The Path of Christianity: The First Thousand Years* (Downers Grove: IVP).

3   로완 윌리엄스,『과거의 의미: 역사적 교회에 관한 신학적 탐구』, 양세규 옮김 (서울: 비아, 2019).

4   이 흥미로운 주제에 대한 다양한 연구들이 있다. 대표적으로는 다음과 같다. Edward Gibbon, *The History of the Decline and Fall of the Roman Empire*

(New York: Random House, 2003); Adolf von Harnack, *The Mission and Expansion of Christianity in the First Three Centuries*, trans. James Moffatt (London: Williams, 1908); Ramsey MacMullen, *Christianizing the Roman Empire A.D. 100-400* (New Haven: Yale University Press, 1984); Robin Lane Fox, *Pagans and Christians* (New York: Knopf, 1987); Jan N. Bremmer, *The Rise of Christianity through the Eyes of Gibbon, Harnack and Rodney Stark* (Groningen: University of Groningen, 2010); 로드니 스타크, 『기독교의 발흥: 사회과학자의 시선으로 탐색한 초기 기독교 성장의 요인』, 손현선 옮김 (서울: 좋은씨앗, 2016); 래리 허타도, 『처음으로 기독교인이라 불렸던 사람들』, 이주만 옮김 (서울: 이와우, 2017); 바트 어만, 『기독교는 어떻게 역사의 승자가 되었나』, 허형은 옮김 (서울: 갈라파고스, 2019); 앨런 크라이더, 『초기교회와 인내의 발효: 로마제국 안에 뿌리내린 초기 기독교의 성장 비밀』, 김광남 옮김 (서울: IVP, 2021); 김덕수, 『로마와 그리스도교: 그리스도교는 어떻게 로마를 정복했는가?』 (서울: 홍성사, 2017).

5   『디오그네투스에게』, 6.9, 서공석 역주 (왜관: 분도출판사, 2010).

6   Origen, *Hom. Luc.* 6.9, 크라이더, 『초기교회와 인내의 발효』, 27-28에서 인용.

7   Tacitus, *Annals*, 15.44.5, J. Stevenson(ed.), *A New Eusebius: Documents Illustrating the History of the Church to AD 337*, Rev. by W. H. C. Frend (Grand Rapids: Baker Academic, 2013), 3에서 인용.

8   Pliny, *Epistle,* 10.96.9-10, J. Stevenson, *A New Eusebius*, 21에서 인용.

9   Thomas M. Finn, "Mission and Expansion," in *The Early Christian World*, 2nd, ed. Philip F. Esler (London: Routledge, 2017), 268-69; 이상규, 『초기 기독교와 로마사회: 로마 제국 하에서의 기독교』 (서울: SFC, 2016), 211-23.

10 크라이더, 『초기교회와 인내의 발효』, 28. 각주 5번; MacMcullen,

Christianizing the Roman Empire, 86, 109-110.

11　　스타크, 『기독교의 발흥』, 22-44; 어만, 『기독교는 어떻게 역사의 승자가 되었나』, 238-63. 기독교 성장률과 그 함의에 대한 다음의 연구도 흥미롭다. Keith Hopkins, "Christian Number and Its Implications," *Journal of Early Christian Studies* 6 (1998): 185-226. 초대교회 성장에 대한 최근의 연구는 다음과 같다. Roderic Mullen, *The Expansion of Christianity: A Gazetter of Its Three Centuries* (Leiden: Brill, 2004); Ramsay MacMullen, *The Second Church: Popular Christianity, A.D. 200-400* (Atlanta: Society of Biblical Literature, 2009).

12　　Joseph H. Lynch, *Early Christianity: A Brief History* (Oxford: Oxford University Press, 2010), 19-32. 로마의 이교주의에 대한 고전적인 연구는 다음과 같다. Ramsey MacMullen, *Paganism in the Roman Empire* (New Haven: Yale University Press, 1981).

13　　허타도, 『처음으로 기독교인이라 불렸던 사람들』, 75-76; 스타크, 『기독교의 발흥』, 288-91.

14　　허타도, 『처음으로 기독교인이라 불렸던 사람들』, 78-91; 이상규, 『로마 제국 하에서의 기독교』, 193.

15　　V. Grossi, "Heresy-Heretic," in *Encyclopedia of Ancient Christianity*, ed. Angelo Di Berardino, vol. 2 (Downers Grove: IVP, 2014), 216-17.

16　　유스토 곤잘레스, 『초대교회사』, 2판, 엄성옥 옮김 (서울: 은성출판사, 2012), 103-104.

17　　H. R. 드룝너, 『교부학』, 하성수 옮김 (서울: 분도출판사, 2001), 425.

18　　바우어(Walter Bauer)와 그의 논제를 따르는 학자들은 기존의 정통-이단 간의 구분을 비판하면서 초대교회는 다양한 기독교 집단으로 구성되었다고 주장했다. 마르시온주의, 영지주의, 몬타니즘과 같은 집단들은 이단이 아니라 기독교였다는 것이다. 학자들은 초기의 주도권 싸움에

서 원시 정통교회(proto-orthodoxy)가 승리하였고 그 후에 기독교는 획일화되었다고 지적한다. 교회가 초기의 다양성과 역동성이 상실한 채 교조주의화 되었다고 주장한다. 바우어의 논제를 페이절스(Elaine Pagels)와 어만(Bart D. Ehrman)이 대중화시켰다: Walter Bauer, *Orthodoxy and Heresy in Earliest Christianity*, trans. Robert A. Kraft and Gerhard Krodel, suppl. Georg Strecker (Philadelphia: Fortress Press, 1979); 일레인 페이절스, 『믿음을 넘어서: 도마의 비밀 복음서』, 권영주 옮김 (서울: 루비박스, 2006); 일레인 페이절스, 『영지주의: 숨겨진 복음서』, 하연희 옮김 (서울: 루비박스, 2006); 바트 어만, 『잃어버린 기독교의 비밀: 그동안 알려지지 않았던 성경과 교리를 둘러싼 숨 막히는 전투』, 박철현 옮김 (서울: 이제, 2008). 최근에 쾨스텐버그(Andreas J. Köstenberger)와 크루겔(Michael J. Kruger)은 바우어 논제에 의문을 제기하면서 이들의 해석은 현대 상대주의의 영향을 받은 것으로 초기교회의 형태를 오해했다고 주장한다. 교회는 초기부터 이단과 정통의 구분이 분명하였다는 것이다. Andreas J. Köstenberger and Michael J. Kruger, *The Heresy of Orthodoxy: How Contemporary Culture's Fascination with Diversity Has Reshaped Our Understanding of Early Christianity* (Wheaton: Crossway, 2010). 초대교회 이단의 역사에 대해서는 다음의 책을 참고하라: 알리스터 맥그라스, 『그들은 어떻게 이단이 되었는가: 교회가 신앙을 지켜온 치열한 역사』, 홍병룡 옮김 (서울: 포이에마, 2011).

19   Lynch, *Early Christianity*, 54, 58-59; 이상규, 『초기 기독교와 로마사회』, 160, 162.

20   Lynch, *Early Christianity*, 54-55; 이상규, 『초기 기독교와 로마사회』, 162.

21   Theodotus, Clement of Alexandria, *Excerpta ex Theodoto*, 78.2, Lynch, *Early Christianity*, 56에서 재인용.

22   이상규, 『초기 기독교와 로마사회』, 163-64.

23   이상규, 『초기 기독교와 로마사회』, 164-65; Lynch, *Early Christianity*, 60.

24   곤잘레스, 『초대교회사』, 110-11; Lynch, *Early Christianity*, 60.

25   곤잘레스, 『초대교회사』, 111-12; Lynch, *Early Christianity*, 60-61.

26   Lynch, *Early Christianity*, 76.

27   Eusebius, *Church History*, 5.16.7, 9, 이상규, 『초기 기독교와 로마사회』, 308 에서 재인용.

28   Lynch, *Early Christianity*, 77; 이상규, 『초기 기독교와 로마사회』, 307-308.

29   Lynch, *Early Christianity*, 77-78; 이상규, 『초기 기독교와 로마사회』, 309.

30   이 부분은 배정훈, "1-3세기 박해: 역사적 사실과 교훈," 「고신신학」 22 (2020): 195-202를 많이 참조했다.

31   Candida Moss, *The Myth of Persecution: How Early Christians Invented a Story of Martyrdom* (New York : Harper One, 2014).

32   이상규, 『초기 기독교와 로마사회』, 350, 363.

33   허타도, 『처음으로 기독교인이라 불렸던 사람들』, 6-64. 이에 대한 자세한 연구는 다음과 같다. Robert L. Wilken, *The Christians as the Romans Saw Them*, 2nd ed. (New Haven: Yale University Press, 2003).

34   Lynch, *Early Christianity*, 82; 곤잘레스, 『초대교회사』, 62; 이상규, 『초기 기독교와 로마사회』, 363-64.

35   Pliny, *Epistle*, 10.96.3, Stevenson(ed.), *A New Eusebius*, 21.

36   Lynch, *Early Christianity*, 81; 이상규, 『초기 기독교와 로마사회』, 362.

37   곤잘레스, 『초대교회사』, 63-64; 이상규, 『초기 기독교와 로마사회』, 364.

38   Tacitus, *Annals,* 15.44.2-5, J. Stevenson, *A New Eusebius*, 2-3에서 인용.

39   Tacitus, *Annals,* 15.44.2-5, J. Stevenson, *A New Eusebius*, 2-3.

40   곤잘레스, 『초대교회사』, 179-80; 카를 수소 프랑크, 『고대교회사 개론』, 하

성수 옮김 (서울: 가톨릭출판사, 2008), 209.

41   곤잘레스, 『초대교회사』, 181-84; 프랑크, 『고대교회사 개론』, 210-11.

42   이상규, 『초기 기독교와 로마사회』, 240-41.

43   Origen, *Against Celsus* 3.55, 4.3, 곤잘레스, 『초대교회사』, 90-92에서 재인용; 이상규, 『초기 기독교와 로마사회』, 240.

44   Lynch, *Early Christianity*, 81.

45   Fronto, quoted by Minucius Felix, *Octavius, 9,* Lynch, *Early Christianity*, 82에서 재인용.

46   크라이더, 『초기교회와 인내의 발효』, 29-36.

47   Lynch, *Early Christianity*, 26-27.

48   Tertullian, *Scap.* 2, 크라이더, 『초기교회와 인내의 발효』, 27에서 인용.

49   앨런 크라이더, 『초대교회에 길을 묻다』, 홍현민 옮김 (서울: 하늘씨앗, 2020), 16.

50   C. Kavin Rowe, *Christianity's Surprise: A Sure and Certain Hope* (Nashville: Abingdon Press, 2020).

51   Lynch, *Early Christianity*, 71-72.

52   곤잘레스, 『초대교회사』, 115; Lynch, *Early Christianity*, 72-75.

53   허타도, 『처음으로 기독교인이라 불렸던 사람들』, 133-82.

54   로버트 루이스 윌켄, 『초기 기독교 사상의 정신』, 배덕만 옮김 (서울: 복있는사람, 2014), 21-23.

55   Rowe, *Christianity's Surprise*, 11-13; 허타도, 『처음으로 기독교인이라 불렸던 사람들』, 99-129.

56   Averil Cameron, *Christianity and the Rhetoric of Empire: The Development*

of Christian Discourse (Berkeley: University of California Press, 1991), 19-21; Frances M. Young, *Biblical Exegesis and The Formation of Christian Culture* (Grand Rapids: Baker Academic, 1997).

57 스타크, 『기독교의 발흥』, 293-300; 허타도, 『처음으로 기독교인이라 불렸던 사람들』, 200. 얀 브렘머(Jan N. Bremmer)는 왜 오랫동안 성행했던 이교가 쉽게 소멸 된 이유를 연구했다. Jan N. Bremmer, "How Do we Explain the Quiet Demise of Graeco-Roman Religion? An Essay," *Numnen* 68 (2021): 230-71.

58 Lynch, *Early Christianity*, 71; 곤잘레스, 『초대교회사』, 117.

59 Lynch, *Early Christianity*, 62-63, 65. 첫 3세기의 교회직제의 발전에 대해서는 다음의 논문도 참고하라: 조병하, "초대교회 교회직제 발전에 대한 연구: 사도적 교부, 사도전승, 디다스칼리아를 중심으로(첫 3세기)", 「한국개혁신학」31 (2010): 190-217.

60 Rowe, *Christianity's Surprise*, 55-61.

61 Lynch, *Early Christianity*, 65-66.

62 이그나티우스, *Letter to the Smyrnaeans*, 8.1-2, 『이냐시오스 일곱편지』, 박미경 역주 (왜관: 분도출판사, 2000).

63 Lynch, *Early Christianity*, 67-68; 곤잘레스, 『초대교회사』, 120-22.

64 Irenaeus, *Against Heresies*, 3.1, Lynch, *Early Christianity*, 67-68에서 재인용.

65 Lynch, *Early Christianity*, 66-68.

66 『디다케: 열두 사도들의 가르침』, 11.1-13, 15.1-2, 정양모 역주 (왜관: 분도출판사, 1993).

67 우병훈, "초대교회 신자들의 삶과 그 교훈," 이신열 편, 『교리학당』 (부산: 고신대학교 출판부, 2016), 200.

68 우병훈, "초대교회 신자들의 삶과 그 교훈," 200.

69 프랑크, 『고대교회사 개론』, 288.

70 『디다케』, 8.2-3.

71 프랑크, 『고대교회사 개론』, 288.

72 히폴리투스, 『사도전승』, 41, 이형우 역주 (왜관: 분도출판사, 1992).

73 에른스트 다스만, 『교회사 1: 초기 3세기 교회의 확장, 생활, 가르침』, 하성수 옮김 (왜관: 분도출판사, 2007), 345.

74 히폴리투스, 『사도전승』, 41.

75 우병훈, "초대교회 신자들의 삶과 그 교훈," 199.

76 프랑크, 『고대교회사 개론』, 288.

77 다스만, 『교회사 1』, 347-48.

78 『디다케』, 8.1.

79 우병훈, "초대교회 신자들의 삶과 그 교훈," 199.

80 크라이더, 『초기교회와 인내의 발효』.

81 스타크, 『기독교의 발흥』, 39-44.

82 크라이더, 『초기교회와 인내의 발효』, 31-36.

83 허타도, 『처음으로 기독교인이라 불렸던 사람들』, 185-238.

84 Pierre Hadot, *Philosophy as a Way of Life: Spiritual Exercises from Socrates to Foucault*, ed. Arnold I. Davidson, trans. Michael Chases (New York: Blackwell, 1995), 82-83; Martha C. Nussbaum, *The Therapy of Desire: Theory and Practice in Hellenistic Ethics* (Princeton, NJ: Princeton University Press, 1994); 박영호, 『우리가 몰랐던 1세기 교회: 오늘의 그리스도인을 위한 사회사적 성경 읽기』 (서울: IVP, 2021), 83-94.

85   허타도, 『처음으로 기독교인이라 불렸던 사람들』, 220-37.

86   『디오그네투스에게』, 5-6.

87   허타도, 『처음으로 기독교인이라 불렸던 사람들』, 237.

88   로버트 뱅크스, 『1세기 교회 예배 이야기』, 신현기 옮김 (서울: IVP, 2017); 로버트 뱅크스, 『1세기 그리스도인의 하루 이야기』, 신현기 옮김 (서울: IVP, 2018); 로버트 뱅크스, 『1세기 그리스도인의 선교 이야기』, 신현기 옮김 (서울: IVP, 2020).

89   크라이더, 『초대교회』, 35-36.

90   Helen Rhee, *Loving the Poor, Saving the Rich: Wealth, Poverty, and Early Christian Formation* (Grand Rapids: Baker Academic, 2012), 27-40; Rowe, *Christianity's Surprise*, 40-45.

91   허타도, 『처음으로 기독교인이라 불렸던 사람들』, 104.

92   『디다케』, 1.1-5.

93   로저 올슨, 『이야기로 읽는 기독교 신학: 전통과 개혁의 2000년』, 김주한, 김학도 옮김 (서울: 대한기독교서회, 2009). 존 바클레이(John M. G. Barclay)는 이러한 믿음의 양면성을 그리스-로마 시대 선물 제도 배경에서 설명한다. 그에 따르면 바울의 복음 개념은 은혜이자 의무이다. 존 바클레이, 『바울과 은혜의 능력』, 김형태 옮김 (서울: 감은사, 2021).

94   남성현, 『병원의 탄생과 발전 그리고 기독교 영성의 역할: 4세기에서 19세기까지 기독교 사회 복지의 역사에 대한 연구』 (서울: CLC, 2020), 100-101.

95   Sozomen, *Church History*, 5.16, 남성현, 『병원의 탄생과 발전』, 107-108에서 재인용.

96   Rhee, *Loving the Poor*; 프랑크, 『고대교회사 개론』, 288.

97 이상규, 『헬라 로마적 상황에서의 기독교』 (서울: 한들출판사, 2006), 105-106.

98 Sozomen, *Church History*, 5.16, 남성현, 『병원의 탄생과 발전』, 107-108에서 재인용.

99 스타크, 『기독교의 발흥』, 261-67.

100 *Testament of Lord*, 1.36, 앨런 크라이더, 『초기 기독교의 예배와 복음전도』, 허현 옮김 (논산: 대장간, 2019), 31에서 재인용.

101 크라이더, 『초기 기독교의 예배』, 35-36.

102 히폴리투스, 『사도전승』, 16.

103 김정, 『초대교회 예배사』 (서울: CLC, 2014), 144-48.

104 크라이더, 『초기교회와 인내의 발효』, 225-308.

105 프랑크, 『고대교회사 개론』, 681-8; 앨런 크라이더, 『회심의 변질: 초대교회의 회심을 돌아보다』, 박삼종 외 3명 옮김 (논산: 대장간, 2012).

106 크라이더, 『초기교회와 인내의 발효』, 250.

107 Cyprian, *Ad Donatum* 3-4, 크라이더, 『초대교회』, 73, 75에서 재인용.

108 김정, 『초대교회 예배사』. 41.

109 Justin, *1 Apology*, 67.

110 크라이더, 『초기교회와 인내의 발효』, 80-83.

111 조지 레이코프, 마크 존슨, 『삶으로서의 은유』, 수정판, 노양진, 나익주 옮김 (하남: 박이정, 2006), 21-25; 조너선 하이트, 『바른 마음: 나의 옳음과 그들의 옳음은 왜 다른가』 (파주: 웅진지식하우스, 2014), 396-436

112 배정훈, "구제와 영혼의 치유에 대한 존 크리소스톰의 사상 연구: 그의 마태복음 설교를 중심으로," 「성경과 신학」88 (2018): 132-43; 배정훈, "요한

크리소스톰과 과시욕: 천국의 영광을 바라보며,"『초대교회와 마음의 치료』, 배정훈 외 2명 (군포: 도서출판 다함, 2022), 22-59.

113 스타크, 『기독교의 발흥』, 138-45.

114 스타크, 『기독교의 발흥』, 115-48; 허타도, 『처음으로 기독교인이라 불렸던 사람들』, 104; 크라이더, 『초기교회와 인내의 발효』, 201, 247.

115 헨리 채드윅, 『초대교회사』, 박종숙 옮김 (서울: CH 북스, 1999), 63.

116 Minucius Felix, *Octavius*, 31.6-8, 38.6, 크라이더, 『초대교회』, 41에서 재인용.

117 피터 브라운, 『고대후기 로마제국의 가난과 리더십』, 서원모, 이은혜 옮김 (파주: 태학사, 2012), 15-96.

118 어만, 『기독교는 어떻게 역사의 승자가 되었나』, 10-14.

119 어만, 『기독교는 어떻게 역사의 승자가 되었나』, 11-12.

120 Cameron, *Christianity and the Rhetoric of Empire*, 19-21; Young, *Biblical Exegesis and The Formation of Christian Culture*; Peter Van Nuffelen, "A War of Words: Sermons and Social Status in Constantinople under the Theodosian Dynasty," in *Literature and Society in the Fourth Century A.D.: Performing Paideia, Constructing the Present, Presenting the Self*, ed. L. Van Hoof and Peter Van Nuffelen (Leiden: Brill, 2014), 201-17.

121 아돌프 폰 하르낙, 『기독교의 본질』, 오흥명 옮김 (서울: 한들출판사, 2007).

배우면서 전수하는 아우구스티누스의 멘토링

1   *en. Ps.* 54.8 (CCL 39,662): "corrigere non potest, pati necesse est. et qui corrigi non potest tuus est, aut consortio generis humani, aut plerumque ecclesiastica communione; intus est, quid facies? quo ibis?" 여기에서 CCL 은 "Corpus Christianorum. Series Latina"의 약자이다. 이 글에서 별다른 언급 없이 제목 혹은 약어로만 인용된 작품은 모두 아우구스티누스의 것 이다. 이 글에 실린 아우구스티누스의 작품에 대한 약어는 본 연구 제일 마 지막에 실린 부록에 나와 있다. 더 포괄적인 목록은 아래 문헌들을 보라. Allan D. Fitzgerald, ed., *Augustine through the Ages: An Encyclopedia* (Grand Rapids: Eerdmans, 1999), xxxv-xlii; 포시디우스, 『아우구스티누스의 생 애』(*Vita Augustini*), 이연학, 최원오 역주(왜관: 분도출판사, 2008), 170-81; 배정훈, 우병훈, 조윤호 공저, 『초대교회의 갈등과 치료』(군포: 도서출 판 다함, 2022), 215-20. 위에서 제시한 책의 권수와 설교 편수에 대해서는 학자들마다 다른 견해를 가진다. 가령 이연학과 최원오는 아우구스티누스 의 소실된 작품까지 합쳐서 모두 134개의 작품 목록을 제시한다(포시디

우스, 『아우구스티누스의 생애』, 170-81을 참조). 이하에서 포시디우스의 작품 인용은 위의 한역에서 하되, 주로 장과 절로 위치를 표시했지만 필요한 경우에는 쪽수를 괄호 안에 삽입했으며, 가끔 번역을 고쳐서 인용하기도 했다. 영역은 아래를 참조하라. Possidius, *Life of Saint Augustine*, ed. John E. Rotelle (Villanova, PA: Augustinian, 1988).

2   멘토링의 정의에 대하여 최봉도, "통전적 기독교 교육을 위한 성찰적 방법론으로서의 멘토링", 『한국개혁신학』 32 (2011): 272-74를 참조하라.

3   기독교적 멘토링과 관련하여 중요한 책들은 아래와 같다. Paul David Tripp, *Lead: 12 Gospel Principles for Leadership in the Church* (Wheaton, IL: Crossway, 2020); John C. Maxwell, *Mentoring 101: What Every Leader Needs to Know* (HarperCollins Leadership, 2008); Melissa B. Kruger, *Growing Together: Taking Mentoring beyond Small Talk and Prayer Requests* (Wheaton, IL: Crossway, 2020); Keith E. Webb and Gary R. Collins, *The Coach Model for Christian Leaders: Powerful Leadership Skills for Solving Problems, Reaching Goals, and Developing Others* (Morgan James Faith, 2019); Gary Collins, *Christian Coaching, Helping Others Turn Potential into Reality*, 2nd ed. (Colorado Springs: NavPress, 2014); Regi Campbell and Andy Stanley, *Mentor Like Jesus: His Radical Approach to Building the Church*, 2nd edition (RM Press, 2016).

4   히포에서 아우구스티누스의 목회적 활동에 대해서는 피터 브라운, 『아우구스티누스』, 정기문 옮김 (서울: 새물결, 2012), 269-80을 보라. 이 책의 영어판은 아래와 같다. Peter Brown, *Augustine of Hippo: A Biography*, rev. ed. (Berkley: University of California Press, 2000).

5   Brown, 『아우구스티누스』, 281.

6   Brown, 『아우구스티누스』, 289; Edward L. Smither, *Augustine as Mentor: A Model for Preparing Spiritual Leaders* (Nashville, TN: B&H Academic, 2009), 125. 스미더(Smither)의 책은 아우구스티누스의 멘토링을 다각도

로 다루는데, 특히 제4장과 제5장이 유용하다. 이 글은 스미더의 책을 두루 참조하여 진행하면서, 다른 자료들을 덧붙였다.

7   위에서 소개한 스미더의 책 외에도 아래 자료들이 아우구스티누스의 멘토링을 다루기 위해 중요한 자료들이다. Daniel E. Doyle, *The Bishop as Disciplinarian in the Letters of St. Augustine* (New York: Peter Lang, 2002); Jan Michael Joncas Fr, "Clergy, North African," in *Augustine through the Ages: An Encyclopedia,* ed. Allan Fitzgerald (Grand Rapids: Eerdmans, 1999), 213-17; George Lawless, *Augustine of Hippo and His Monastic Rule* (New York: Oxford University Press, 1989); George Lawless, "Augustine's First Monastery: Thagaste or Hippo," *Augustinianum* 25 (1985): 65-78; Michelle Pellegrino, *The True Priest: The Priesthood as Preached and Practiced by Saint Augustine,* trans. Arthur Gibson (Langley, UK: St. Paul, 1998); Lee Bacchi, *The Theology of the Ordained Ministry in the Letters of Augustine of Hippo* (San Francisco: International Scholars, 1998); Frederick van der Meer, *Augustine the Bishop,* trans. B. Battershaw and G. R. Lamb (London: Sheed & Ward, 1961); Joseph T. Lienhard, "Ministry," in *Augustine through the Ages: An Encyclopedia,* ed. Allan Fitzgerald (Grand Rapids: Eerdmans, 1999), 567-69; Eugene Kevane, *Augustine the Educator* (Westminster: Newman, 1964); William Harmless, *Augustine and the Catechumenate* (Collegeville: Liturgical, 1995); Adolar Zumkeller, *Augustine's Ideal of the Religious Life,* trans. Edmund Colledge (New York: Fordham University Press, 1986); Gerald Bonner, *St. Augustine: His Life and Controversies* (Norwich: Canterbury, 1986).

8   아우구스티누스의 설교는 아래의 번역을 참조하라. Augustine, *Works of Saint Augustine: A Translation for the 21st Century,* ed. John E. Rotelle, pt. II, vol. 1-11 (Hyde Park, NY: New City, 2001). 아우구스티누스의 편지는 아래의 번역을 참조하라. Augustine of Hippo, *Letters (1–82),* trans. Wilfrid Parsons, vol. 1, The Fathers of the Church (Washington, DC: The

Catholic University of America Press, 1951); Augustine of Hippo, *Letters (83–130)*, ed. Roy Joseph Deferrari, trans. Wilfrid Parsons, vol. 18, The Fathers of the Church (Washington, DC: The Catholic University of America Press, 1953); Augustine of Hippo, *Letters (131–164)*, ed. Roy Joseph Deferrari, trans. Wilfrid Parsons, vol. 20, The Fathers of the Church (Washington, DC: The Catholic University of America Press, 1953); Augustine of Hippo, *Letters (165–203)*, ed. Hermigild Dressler, trans. Wilfrid Parsons, vol. 30, The Fathers of the Church (Washington, DC: The Catholic University of America Press, 1955); Augustine of Hippo, *Letters (204–270)*, ed. Hermigild Dressler, trans. Wilfrid Parsons, vol. 32, The Fathers of the Church (Washington, DC: The Catholic University of America Press, 1956); Augustine of Hippo, *Letters (1*–29*)*, ed. Thomas P. Halton, trans. Robert B. Eno, vol. 81, The Fathers of the Church (Washington, DC: The Catholic University of America Press, 1989).

9   포시디우스, 『아우구스티누스의 생애』, 31.9 (154-57쪽).

10   스미더는 395년부터 히포의 성직자 수도원이 시작된 것으로 연도를 제 시하지만, 발레리우스가 죽은 해인 396/7년경에 그것이 시작된 것으로 보는 것이 더 좋다. 실제로 스미더도 그렇게 제시하기도 한다. Smither, *Augustine as Mentor*, 135, 148을 비교하라.

11   아우구스티누스의 생애에 대한 자세한 연표는 다음을 보라. 배정훈, 우병 훈, 조윤호 공저, 『초대교회의 갈등과 치료』, 207-14.

12   Brown, 『아우구스티누스』, 720에 따르면, 베레쿤두스(Verecundus)는 "밀 라노의 영향력 있는 사람으로, 아우구스티누스의 친구인 네브리디우스를 보조 교사로 채용했으며 아우구스티누스에게 카시키아쿰의 영지를 휴식 처로 제공했다."

13   *conf.* 8.6.13을 보라. 한편, 카시키아쿰의 위치는 오늘날의 '카시아고 디 브 리안자'(Cassiago di Brianza)일 것이다. 이 지역은 밀라노의 북동쪽 34

킬로미터 떨어져 있다. Angelo di Berardino, "Cassiciacum," in *Augustine through the Ages: An Encyclopedia*, ed. Allan Fitzgerald (Grand Rapids: Eerdmans, 1999), 135.

14   Smither, *Augustine as Mentor*, 136.

15   아래의 글들은 카시키아쿰 공동체가 수도원은 아니었다고 지적한다. Gustave Bardy "Les Origines des Écoles Monastiques en Occident," *Sacris Erudiri* 5 (1953), 94; R. J. Halliburton, "The Inclination to Retirement: The Retreat of Cassiciacum and the 'Monastery' of Tagaste," *Studia Patristica* 5 (TU 80) (1962): 329-40; Andre Mandouze, *L'aventure de la Raison et la Grace* (Paris: Études Augustiniennes, 1968), 201; Smither, *Augustine as Mentor*, 137.

16   아우구스티누스의 기도론에 대해서는 아래 논문을 보라. B. Hoon Woo, "Pilgrim's Progress in Society: Augustine's Political Thought in the City of God." *Political Theology* 16/5 (2015): 433-34, 438-39.

17   ord. 1.8.25; ep. 3.4; conf. 9.4.8; Lawless, *Augustine of Hippo and His Monastic Rule*, 30; Zumkeller, *Augustine's Ideal, 9; Bonner, St. Augustine*, 94.

18   Mandouze, *L'aventure*, 195-96; Smither, *Augustine as Mentor*, 137. Brown, 『아우구스티누스』, 209-10에서는 아우구스티누스가 개종한 이후 『고백록』을 쓰기까지 10년간 "새로운 세계" 즉, 플라톤주의가 주는 완성의 약속을 떠나 "이상적인 철학자의 열중적인 명상을 성취하지 못할 것"으로 생각하게 되었다고 분석한다. 그러한 변화는 이미 카시키아쿰에서 발견된다.

19   Lawless, *Augustine of Hippo and His Monastic Rule*, 36에서는 그들의 일과를 "Work (both physical and intellectual), contemplation (both philosophical and Christian), prayer and serious dialogue on a variety of themes"라고 요약한다.

20   Brown, 『아우구스티누스』, 176: "[카시키아쿰에서 아우구스티누스가] 신

플라톤주의 저작들을 계속 읽었음에 틀림없지만 이 몰입 단계는 우리에게
전해지지 않는다."

21 Smither, *Augustine as Mentor*, 138에 나오는 내용을 좀 더 보강하여 작성했
    다.

22 이에 대해서는 Brown, 『아우구스티누스』, 제12장 "오스티아"를 참조하라.

23 *conf.* 9.10.24를 보라.

24 Smither, *Augustine as Mentor*, 138.

25 mor. 1.33.70; 1.31.67-68; 71-3; Lawless, *Augustine of Hippo and His Monastic
    Rule*, 40.

26 *mor.* 1.33.70. 영어 번역은 아래를 보라. Augustine of Hippo, *The Catholic
    and Manichaean Ways of Life*, ed. Roy Joseph Deferrari, trans. Donald
    A. Gallagher and Idella J. Gallagher, vol. 56, The Fathers of the Church
    (Washington, DC: The Catholic University of America Press, 1966),
    54; Augustine of Hippo, "On the Morals of the Catholic Church," in *St.
    Augustin: The Writings against the Manichaeans and against the Donatists*, ed.
    Philip Schaff, trans. Richard Stothert, vol. 4, A Select Library of the Nicene
    and Post-Nicene Fathers of the Christian Church, First Series (Buffalo,
    NY: Christian Literature Company, 1887), 60.

27 포시디우스, 『아우구스티누스의 생애』, 3.2.

28 Lawless, *Augustine of Hippo and His Monastic Rule*, 48.

29 *ep.* 5, 83.2. Gustave Bardy, *Saint Augustin: L'homme et l'oeuvre*, 7th ed.
    (Paris: Bibliothèque Augustinienne, 1948), 145; Zumkeller, *Augustine's
    Ideal*, 29-30; Mandouze, *L'aventure,* 209. Smither, *Augustine as Mentor*, 140
    에서 재인용.

30 Lawless, *Augustine of Hippo and His Monastic Rule*, 50.

31   Zumkeller, *Augustine's Ideal*, 29.

32   Lawless, *Augustine of Hippo and His Monastic Rule*, 58.

33   보다 자세한 내용은 Smither, *Augustine as Mentor*, 141-44를 보라.

34   Smither, *Augustine as Mentor*, 144-45.

35   Brown, 『아우구스티누스』, 191.

36   Brown, 『아우구스티누스』, 195. 여행을 별로 좋아하지 않았던 아우구스티
      누스가 타가스테에서 히포까지 험악한 산길을 여행한 것은 대단한 일이었
      다.

37   *s.* 355.2; Brown, 『아우구스티누스』, 197-98에서 재인용.

38   Brown, 『아우구스티누스』, 198.

39   Smither, *Augustine as Mentor*, 145.

40   *ep.* 31, 33.2, 64.3, 209.3; *op. mon.* 22.25; 25.33; *s.* 356.4; Eugene Kevane,
      Augustine the Educator (Westminster, MD: Newman, 1964), 119; Bardy,
      Saint Augustin, 160; Zumkeller, *Augustine's Ideal*, 37; Brown, 『아우구스티
      누스』, 200; Smither, *Augustine as Mentor*, 145를 참조.

41   Lawless, *Augustine of Hippo and His Monastic Rule*, 59.

42   Smither, *Augustine as Mentor*, 146.

43   Zumkeller, *Augustine's Ideal*, 35.

44   Brown, 『아우구스티누스』, 199.

45   Brown, 『아우구스티누스』, 199-200. 원래 아프리카 성직자들은 주교만
      이 주교좌에서 성경을 설명할 수 있다는 전통을 지키고 있었다. 하지만
      발레리우스는 이러한 관행을 깨고서 아우구스티누스를 설교자로 세웠
      던 것이다.

46 여기에서 말하는 '가톨릭교회'(*ecclesia catholica*)는 오늘날 우리가 생각하는 로마 가톨릭교회라고 생각해서는 안 되고, 당시의 정통교회라고 생각해야 한다.

47 Smither, *Augustine as Mentor*, 147.

48 Lawless, *Augustine of Hippo and His Monastic Rule*, 160에서는 "수도 규칙"이 395/6년 이전에는 정원 수도원에서 적용되었다는 구체적 증거가 없기에, 그때까지는 행 4:32-35가 기본적 삶의 규칙으로 기능했다고 주장한다.

49 *ep.* 243; 78.9.

50 *s.* 355, 356.

51 *en. Ps.* 99.11. Zumkeller, *Augustine's Ideal*, 389.

52 Smither, *Augustine as Mentor*, 233.

53 *s.* 355.2에 정원 수도원 초기에 대한 이야기가 나온다.

54 Smither, *Augustine as Mentor*, 148.

55 Smither, *Augustine as Mentor*, 148.

56 포시디우스, 『아우구스티누스의 생애』, 7.3.

57 Brown, 『아우구스티누스』, 201.

58 Finbarr G. Clancy, "*Fide et symbolo, De*," ed. Fitzgerald, *Augustine through the Ages*, 361.

59 포시디우스, 『아우구스티누스의 생애』, 7.1.

60 Smither, *Augustine as Mentor*, 148.

61 Brown, 『아우구스티누스』, 201.

62 포시디우스, 『아우구스티누스의 생애』, 7.2, 7.4.

63 Brown, 『아우구스티누스』, 200.

64   Mandouze, *L'aventure*, 219; Smither, *Augustine as Mentor*, 148. 여기에서 "수도사-사제"란 주로 수도사의 일을 하면서, 사제 역할을 겸했다는 뜻이다. "수도사-주교"도 역시 수도사 일을 주로 하면서 주교 일도 감당했다는 의미이다. "주교-수도사"는 주교로 살면서 수도사적 실천도 겸했다는 뜻이다. 이 글에서 아우구스티누스를 단순히 수도사로만 묘사하지 않고 멘토로 묘사한 이유도 그가 단지 수도사로만 살지 않고 사제나 주교의 일을 했기 때문이다.

65   Brown, 『아우구스티누스』, 204. Mandouze, *L'aventure*, 165-242에는 아우구스티누스가 일평생 수도사적 삶에 이끌린, "모든 것에도 불구하고 수도사(*un moine malgré tout*)"였던 사람이라고 묘사한다. Lawless, *Augustine of Hippo and His Monastic Rule*, 62.

66   *s.* 355.2. Smither, *Augustine as Mentor*, 149에서 재인용.

67   Peter Brown, *Through the Eye of a Needle: Wealth, the Fall of Rome, and the Making of Christianity in the West, 350-550 AD* (Princeton, NJ: Princeton University Press, 2012), 174.

68   Smither, *Augustine as Mentor*, 149.

69   356번 『설교』를 통해 짐작해 보자면, 성직자 수도원에서 생활한 사람은 약 10명 정도였을 것으로 추정된다. 피터 브라운은 정원 수도원과 성직자 수도원이 각각 20명 정도 수용 가능했을 것이라고 추정하며, 성직자 수도원 구성원은 한번에 10명이 넘지 않았을 것이라고 본다. Brown, *Through the Eye of a Needle*, 175.

70   Brown, *Through the Eye of a Needle*, 175.

71   *ep.* 55.18.34, 54; *en. Ps.* 46.1; *conf.* 9.7.15; *c. Faust.* 19.11; Zumkeller, *Augustine's Ideal*, 47-51. Smither, *Augustine as Mentor*, 149에서 재인용.

72   Brown, 『아우구스티누스』, 284 (한역 수정); Brown, *Augustine of Hippo*, 195. 그런데 한 번은 아우구스티누스가 자리를 비웠을 때 펠라기우스가 방

문했던 기록이 있으나, 그가 무슨 말을 했는지는 남아 있지 않다.

73 Adalbert de Vogüé, *Histoire littéraire du mouvement monastique. Première partie: Le monachisme latin* (Paris: Le Cerf, 1993), 3:152. 브라운은 정원 수도원과 성직자 수도원이 나뉘게 된 시점에 아우구스티누스의 "수도 규칙"이 작성되었다고 본다. 스미더는 아우구스티누스가 "수도 규칙"을 399년 이전에는 출간하지 않았다고 한다(Smither, *Augustine as Mentor*, 150n137). "수도 규칙"은 아래 책에 설명과 라틴어와 영어 번역이 제시되어 있다. Lawless, *Augustine of Hippo and His Monastic Rule*, 65-118. "The Rule of Augustine (Masculine Version)," in *The Rule of Saint Augustine*, ed. Tarsicius J. van Bavel and trans. Raymond Canning (Kalamazoo, MI, 1996)도 보라. "수도 규칙" 중에 구체적인 지침 사항을 적은 "지침 (*Praeceptum*)" 부분은 매주 낭독되었다(Brown, *Through the Eye of a Needle*, 177).

74 포시디우스, 『아우구스티누스의 생애』, 22.6-7.

75 포시디우스, 『아우구스티누스의 생애』, 26.3.

76 아우구스티누스의 형제 나비기우스의 아들인 파트리키우스도 역시 성직자 수도원에서 함께 지냈다(s. 356.3). 이에 대해서 Brown, 『아우구스티누스』, 283에서는 아우구스티누스가 "최후까지 아프리카인들의 혈연 중심주의를 유지했다."고 평가한다. 아래에서도 동일한 주장이 나온다. Brown, *Through the Eye of a Needle*, 174: "It is a reminder that in the real world outside Augustine's writings on the ideal nature of the monastic community, blood was always thicker than ink. For in late Roman Africa, as elsewhere, blood got things done." 이에 대해서 ep. 211; Lawless, *Augustine of Hippo and His Monastic Rule*, 152-54도 보라.

77 Brown, 『아우구스티누스』, 285. 아우구스티누스의 사랑 개념에 대해서는 아래 논문을 보라. 우병훈, "아우구스티누스의 『신국론』에 나타난 사랑의 갈등", 「한국개혁신학」 70 (2021): 176-87.

78   이하의 내용은 Smither, *Augustine as Mentor*, 151-57의 내용을 따르되, 때로 수정하거나 보강하기도 했다.

79   포시디우스, 『아우구스티누스의 생애』, 11.1에서는 아우구스티누스의 지도로 수도원에서 하나님을 섬기던 이들이 히포 교회의 사제로 서품 받기 시작했다고 적고 있다.

80   Augustine of Hippo, *Letters (1–82)*, 47-51(특히 49["then I ought to study all His remedies in the Scriptures"], 51["Therefore, I beg you, by that charity and affection, to take pity on me and grant me as much time as I have asked, for the reason I have asked."]).

81   Brown, 『아우구스티누스』, 293-94.

82   포시디우스, 『아우구스티누스의 생애』, 7.3; 13-14 (도나투스파 논쟁); 15-16 (마니교 논쟁).

83   이 지점에서 루터의 탁상담화를 떠올리게 되는 것은 당연한 일일 것이다.

84   포시디우스, 『아우구스티누스의 생애』, 19.6 (라틴어와 한역, pp. 90-91): "suavem semper habens de his quae Dei sunt vel adlocutionem vel conlocutionem fraternae ac domesticae familiaritatis."

85   스미더(Smither, *Augustine as Mentor*, 153)는 Brown, *Augustine of Hippo*, 151-52(한역, 227-29)에서 그러한 독서 목록을 제공한다고 하는데, 사실은 그렇지 않다. 브라운이 말하고 싶었던 것은 종교적 페르페투아나 키프리아누스에 대한 자서전과 같은 종교적 자서전이 당시에 유행하고 있었고, "4세기 기독교인들이 이 전통을 이었고, 그 전통은 아우구스티누스의 『고백록』에서 정점에 다다른다."는 것이다(Brown, 『아우구스티누스』, 229).

86   Bardy, "Les Origines," 196; *Zumkeller, Augustine's Ideal*, 42.

87   포시디우스, 『아우구스티누스의 생애』, 15에 보면, 아우구스티누스의 설교가 주제를 벗어나 다른 것을 설명하다가 결국 마니교에 대한 비판으로 끝난 것에 대해서 식탁 대화를 나눈 장면이 기록되어 있다. 그런데 그 설교

후에 피르무스(Firmus)라는 장사꾼이 와서 자신이 마니교 추종자였는데,
그 설교를 듣고 회심했다는 보고를 전한다.

88 포시디우스, 『아우구스티누스의 생애』, 15.6.

89 포시디우스, 『아우구스티누스의 생애』, 25.2.

90 포시디우스, 『아우구스티누스의 생애』, 25.3.

91 Pier Franco Beatrice, "Lord's Prayer," ed. Allan D. Fitzgerald, trans.
    Matthew O'Connell, *Augustine through the Ages: An Encyclopedia* (Grand
    Rapids, MI: Eerdmans, 1999), 507.

92 포시디우스, 『아우구스티누스의 생애』, 25.4-6. 그는 예물을 제단에 바치려
    다가 형제가 자신에게 원한을 품고 있음을 기억하면 예물을 제단에 두고
    먼저 그 형제와 화해하라고 가르쳤다(마 5:23 이하). 누가 형제와 원한을
    품고 있으면, 따로 만나 대화하라고 했다. 그렇게 했는데 화해가 이뤄지지
    않으면 다른 사람과 함께 가서 화해를 시도하도록 했다. 그래도 되지 않으
    면 최종적으로 교회에 말하고, 교회에마저 순종하지 않으면 이방인이나 세
    리처럼 여기도록 했다(마 18:15 이하). 그는 일흔 번씩 일곱 번을 용서하라
    고 권면했다(마 18:21 이하, 6:12 참조).

93 *ep.* 55.21.38 (CSEL 34,2,212). 영어 번역은 아래를 보라. Augustine, *Letters
    (1-82)*, 292-93. 참고로 속기사 야누아리우스는 평신도로서, 성직자 수도
    원에서 자신의 재산을 감추고자 했던 야누아리우스와는 다른 인물이다.

94 Lawless, *Augustine of Hippo and His Monastic Rule*, 74(라틴어), 75(영어
    번역).

95 에티엔느 질송, 『아우구스티누스 사상의 이해』, 김태규 옮김 (서울: 성균관
    대학교출판부, 2010), 464. 프랑스어 원본과 영역은 아래와 같다. Etienne
    Gilson, *Introduction à l'étude de Saint Augustin*, 3. éd. (Paris: Librairie
    philosophique J. Vrin, 1940), 314: "On ne ferait donc, semble-t-il, que
    formuler la pensée d'Augustin lui-même en disant qu'une doctrine est

augustinienne dans la mesure où elle tend plus complètement à s'organiser autour de la charité." Etienne Gilson, *The Christian Philosophy of Saint Augustine*, trans. L.E.M. Lynch (New York: Random House, 1960), 238: "It seems then that we should only express Augustine's own mind if we said that the more a doctrine tends to be built around charity the more Augustinian it is."

96   *ep.* 166.1, 169.13.

97   *ep.* 38.2; Zumkeller, *Augustine's Ideal*, 43.

98   이것은 그의 선임 발레리우스가 자신의 약한 부분에 대해 아우구스티누스가 대신 해 주기를 부탁한 것과 유사하다. Smither, *Augustine as Mentor*, 155.

99   포시디우스, 『아우구스티누스의 생애』, 24.1.

100   포시디우스, 『아우구스티누스의 생애』, 24.2; Smither, *Augustine as Mentor*, 155.

101   *s.* 355.4.

102   포시디우스, 『아우구스티누스의 생애』, 24.3.

103   포시디우스, 『아우구스티누스의 생애』, 11.3-5(라틴어와 한역 pp. 58-61).

104   *ep.* 101.

105   Smither, *Augustine as Mentor*, 156.

106   Smither, *Augustine as Mentor*, 157.

107   스미더는 아우구스티누스가 안토니누스를 강하게 추천했던 우르바누스의 의견만 믿고 그를 그 자리에 앉힌 것이 문제였다고 추측한다(Smither, *Augustine as Mentor*, 250-51). *ep.* 20*.2; Henry Chadwick, "New Letters of St. Augustine," *Journal of Theological Studies* 34.2 (1983): 441.

108   Smither, *Augustine as Mentor*, 157.

109   *ep*. 28.4.6; 40.2.2; 67.2; 71; 82.2.15; 82.5.34; Smither, *Augustine as Mentor*, 223에서 재인용.

110   *ep*. 143.2 (마르켈리누스에게 보내는 편지): "ego proinde fateor me ex eorum numero esse conari, qui proficiendo scribunt et scribendo proficiunt." 직역하면, "따라서 저는 발전함으로써 글을 쓰고, 글을 씀으로써 발전하는 사람들 중에 들기 위해 노력하고 있다고 고백합니다."이다. Smither, *Augustine as Mentor*, 224에 나오는 번역을 수정하여 인용함.

111   포시디우스, 『아우구스티누스의 생애』, 28.1.

112   *s*. 340.1.

113   *en. Ps*. 54.8.

114   *en. Ps*. 54.8. 앞의 인용과 이 인용은 같은 문단에서 이어지는 문장들이다. Saint Augustine, *Expositions of the Psalms* 51-72, ed. John E. Rotelle, trans. Maria Boulding, vol. 17, The Works of Saint Augustine: A Translation for the 21st Century (Hyde Park, NY: New City Press, 2001), 61.

115   Lienhard, "Ministry," ed. Fitzgerald, *Augustine through the Ages*, 569.

116   *en. 3 Ps*. 30.7; 25.5도 참조. 이상, 2번의 『시편 강해』 인용은 Brown, 『아우구스티누스』, 297에서 재인용. Brown, *Augustine of Hippo*, 204, n. 3에 "*Enarr. ii in Ps*. 30, 7"이라고 되어 있고, 한역 Brown, 『아우구스티누스』, 773, n. 47에서도 "*Enarr*. 2 *in Ps*. 30, 7"이라고 되어 있으나, 사실은 "*Enarr. iii in Ps*. 30, 7"이 되어야 한다. Saint Augustine, *Expositions of the Psalms 1-32*, ed. John E. Rotelle, trans. Maria Boulding, vol. 15, The Works of Saint Augustine: A Translation for the 21st Century (Hyde Park, NY: New City Press, 2000), 340.

117   *ep*. 134.1. Smither, *Augustine as Mentor*, 16과 Lienhard, "Ministry," 569에서 인용됨.

118   *ep*. 31.9; 95.1.

119   *ep*. 220.1; 130.1; 231.1.

섬김으로 멘토링하기

1   향상교회는 선교사역원 산하 '영혼의 십일조 사역부'와 이 사역에 관심을 가지고 헌신한 초원과 목장들을 중심으로 이 사역을 계속해 오고 있다.

2   빌 벡헴, 『제2의 종교개혁』, 터치 코리아 사역팀 옮김 (성남 : 도서출판 NCD, 2005), 59-61.

소통으로 멘토링하기

1   비슷한 접근이 바로 루이스 앨런, 『설교자의 요리문답』, 정상윤 옮김 (서울: 복 있는 사람, 2020), 31에 있다. 책 전체는 소요리문답을 설교자에게 적용한 것인데, 아주 탁월하다.

2   존 파이퍼, 『하나님을 기뻐하라』, 박대영 옮김 (서울: 생명의말씀사, 2009), 19.

3   아브라함 카이퍼, 『일반 은혜 1』, 임원주 옮김 (서울: 부흥과개혁사, 2017)을 보라. 또는 송인규, 『일반 은총과 문화적 산물』 (서울: 부흥과개혁사, 2012)을 보라.

4   두 책을 보라. 리드 헤이스팅스, 에린 마이어, 『규칙 없음』, 이경남 옮김 (서울: RHK, 2020), 라즐로 복, 『구글의 아침은 자유가 시작된다』, 이경식 옮김 (서울: RHK, 2015).

5   팀 켈러, 『복음과 삶』, 오종향 옮김 (서울: 두란노, 2018), 40.

6   이 피드백 지침은 다음의 책에서 나오는 넷플릭스의 사내 피드백 원칙을
     사역에 맞게 변형시킨 것이다. 리드 헤이스팅스, 에린 마이어, 『규칙 없음』,
     이경남 옮김 (서울: RHK, 2020), 77-78.